破解青春期教养难题

青少年常见问题解决案例集

高途家庭教育研究中心 编著

台海出版社

图书在版编目（CIP）数据

破解青春期教养难题：青少年常见问题解决案例集 / 高途家庭教育研究中心编著 . -- 北京：台海出版社，2023.10（2024.1 重印）
ISBN 978-7-5168-3663-7

Ⅰ.①破… Ⅱ.①高… Ⅲ.①青春期—家庭教育—案例 Ⅳ.① G782

中国国家版本馆 CIP 数据核字 (2023) 第 182143 号

破解青春期教养难题——青少年常见问题解决案例集

编　　著：高途家庭教育研究中心

出 版 人：蔡　旭　　　　　　　责任编辑：王慧敏

出版发行：台海出版社
地　　址：北京市东城区景山东街 20 号　　邮政编码：100009
电　　话：010-64041652（发行，邮购）
传　　真：010-84045799（总编室）
网　　址：www.taimeng.org.cn/thcbs/default.htm
E‑m a i l：thcbs@126.com

经　　销：全国各地新华书店
印　　刷：天津睿和印艺科技有限公司
本书如有破损、缺页、装订错误，请与本社联系调换

开　　本：880 毫米 ×1230 毫米　　1/32
字　　数：176 千字　　　　　　　印　张：6.5
版　　次：2023 年 10 月第 1 版　　印　次：2024 年 1 月第 2 次印刷
书　　号：ISBN 978-7-5168-3663-7

定　　价：59.00 元

版权所有　翻印必究

推荐序

作为一名心理咨询师，我这些年见到很多青春期孩子的焦虑父母。在父母看来，孩子进入青春期后，亲子之间的沟通变得越来越困难，之前的"乖孩子"开始出现各种"叛逆"的行为和问题：孩子不愿意跟父母交流，动不动就发脾气，对学习兴趣降低，经常情绪低落，长时间玩手机，等等。所有这些行为和问题都在困扰着父母，让父母感到忧虑不安。

另一方面，我也见到很多处于痛苦挣扎中的青春期孩子，他们时常感到迷茫和孤单，渴望有人理解他们；他们也会陷入焦虑和抑郁，甚至对自己失去信心。对这些孩子来说，青春期并不都是阳光灿烂，而是充满着风雨，甚至伤痛，孩子的学习和生活也受到严重的影响。

为了帮助更多的家长走出困境，帮助更多的孩子健康成长，这些年来我一直在学习和借鉴科学、前沿的心理学理论和方法，并在与家长和孩子的咨询工作中不断实践，深入思考和探究诸多家庭教育问题的根源。在我看来，父母对孩子都抱有深切的爱，但仅仅有爱是不够的，父母还需要有爱的能力，而爱的能力是需要学习的。

由于缺乏爱的能力，很多父母常常在不经意间运用错误的教养方式，给孩子造成心理伤害。比如，父母的高控制和高要求，会给孩子带来很大心理压力；父母的批评和指责，会打击孩子的自尊心和自信心；父母对孩子的忽视和忽略，会导致孩子产生心理匮乏感，自我价值感较低；等等。

要提升爱的能力，父母需要了解孩子的成长规律，看见孩子的独特个性，根据孩子的天性，找到适合孩子的养育方法，而不是被恐惧和焦虑所驱使，对孩子做出很多无意识的反应，给孩子带来伤害而不自知。

要提升爱的能力，父母也需要掌握亲子沟通技巧，学会跟孩子有效沟通，满足孩子的心理需求，跟孩子建立良好的亲子联结，成为孩子可信赖和依靠的安全港湾，并在孩子需要的时候提供支持，帮助孩子度过人生的困难和挑战。

要提升爱的能力，父母更需要自我成长，觉察自己行为模式背后那些潜藏的心理动因，反思自己的童年成长经历，因为父母养育孩子的方式往往跟自身的成长环境和童年经历有很大关系。童年的经历给我们提供了一种样板，我们常常在这种样板上构建人生，而我们当下的行为模式，与我们童年的行为会很相似。如果没有觉知到这一点，我们就会继续重复这些模式。在为人父母后，孩子为我们提供了一面镜子，通过养育孩子，我们得以重新审视自己作为孩子时的感受，重新看见童年时的伤痛。

所以，养育孩子的过程，给父母提供了一个重新疗愈自己的机会。要想有效地支持孩子的成长，父母需要成为一个有觉知的人，通过深刻地理解自己的成长经历，疗愈自己的童年创伤，才能让自己变得真正成熟和强大，有勇气和力量摒弃旧的行为模式，更好地看见和理解孩子，用平静、成熟的姿态来恰当处理与孩子的关系，给予孩子真正的爱，并帮助孩子成长为最真实的自己。

当父母通过学习、觉察和反思，提升了爱的能力，在面对青春期孩子的种种挑战时，就能更深入地探索自己的潜意识，看到问题的本质，克服内心的恐惧和焦虑，从而探索出适合孩子的解决方案。

在这本书中，我们可以看到青春期孩子的父母面临的一些常见的问题，无论是亲子关系问题，还是孩子的学习、情绪问题，抑或是手机带来的亲子冲突问题，都常常带给父母很大的困扰和焦虑，而通过心理专家对问题的深入剖析，以及提供的专业指导和建议，可以帮助父母走出困扰，找到解决问题的路径。相信在读完这本书之后，作为青春期孩子的父母，你会更有信心，也更有能力帮助孩子顺利走过"叛逆"的青春期。

宋立

高途家庭教育高级主讲老师

序言

近年来，我们发现，父母在养育青春期孩子的过程中面临着越来越多的困难和挑战。

父母A：我女儿原来乖巧懂事，可自从上初中以后便开始沉迷网络，学习成绩下滑，我说了无数遍都不听，因为手机问题我们已经发生很多次冲突了，不知道该怎么办才好。

父母B：我儿子自从上了高一后动不动就发火，回到家就把自己关在屋子里，我问他问题，他也很不耐烦，还经常顶撞我，有时候十几天都不跟我说话。

父母C：我女儿现在已经不上学了，每天在家里玩手机游戏，黑白颠倒。只要我一跟她提学习，她就冲我发火，摔东西。我该怎么做才能让孩子回到正常的学习生活中呢？

类似这样的案例层出不穷，青春期孩子沉迷网络、脾气暴躁、厌学逆反……这些问题越来越多地困扰着父母，让父母感到焦虑、困惑和沮丧。

青春期是孩子从儿童到成人的过渡期，是人生重要的阶段。青少年的身体、心理、思维、情绪情感等方面都发生着巨大的变化。面对这些变化，如果父母毫无准备，就难以很好地理解孩子，在新情况出现时手足无措或者一错再错，结果导致亲子之间冲突不断，亲子关系疏远甚至恶化。而如果父母能对青春期孩子多一些了解和理解，孩子就能成长得更好，亲子之间的冲突也会更少一些。

所以，要有效地支持孩子的成长，帮助孩子顺利度过"疾风骤雨"般的青春期，父母亟须不断自我成长，改变自己的认知，学习科学的家庭教育理念和方法，并在实践中不断反思和运用。

为了更好地赋能青春期孩子的家长，帮助家长学习和成长，高途家庭教育研究中心开设了一系列面向青春期孩子的父母的课程。迄今为止，已经有近十万个家长学员参与了课程的学习。

这些课程以科学的心理学理论作为专业支撑，从家长关心和困惑的问题出发，追根溯源，透过现象发现本质，为家长提供了经得起检验的理念和方法，不仅帮助家长了解孩子的成长规律，读懂孩子的内心世界，而且从家长自身成长着手，帮助家长疗愈自己，完善自己，在此基础上灵活地运用各种方法解决孩子棘手的青春期问题。

值得一提的是，在我们的青春期课程中，每堂课都有真实的案例教学，有老师跟家长的现场互动，家长可以从中获得心理专家手把手的指导，学会举一反三地处理冲突，解决问题，从而从容、自信地应对青春期的各种挑战。

通过与众多家长学员的互动交流，我们更加深刻地理解了青春期孩子和父母的痛苦，以及家长教育的盲区，并总结了上千个真实的案例，本书正是这些案例的精选实录。

这些真实案例分别从亲子沟通、学习问题、情绪问题、手机问题四个方面着手，对青春期常见的棘手问题进行了深刻的剖析，为陷入苦恼中的父母提供了具有针对性的实操建议和方法，有效帮助父母理解孩子，重建亲子沟通模式，缓解养育焦虑，成为孩子成长路上最好的支持者。

我们希望，这本书可以作为帮助父母应对孩子青春期挑战的实践手册，让更多的父母告别困惑和痛苦，陪伴孩子顺利走过青春期。

高途家庭教育研究中心

目 录

第一部分 概论 \ 001

　　了解青春期孩子的变化,为他们健康成长保驾护航 \ 003
　　满足心理需求,培养自律、自信的孩子 \ 009

第二部分 有效沟通,建立良好的亲子关系 \ 017

　　接纳和倾听,让孩子更愿意积极解决问题 \ 021
　　警惕无效表达,学会有效沟通 \ 025
　　做内心强大的妈妈,帮孩子修复安全感 \ 031
　　走出误区,重建亲子沟通模式 \ 034
　　尊重成长节奏,懂得放手和欣赏 \ 038
　　改善夫妻关系,营造良好家庭氛围 \ 042
　　情字当先,让亲子沟通更顺畅 \ 047

第三部分　找回心理动力，让孩子爱上学习 \ 053

耐心守护，孩子终会找到方向　\ 058
了解科学规律，帮孩子养成健康习惯　\ 063
对症下药，帮孩子找回学习动力　\ 067
给予心理营养，打破学习不积极的魔咒　\ 080
破除"习得性无助"，让孩子重新爱上学习　\ 085
寻根溯源，帮孩子走出厌学　\ 089
兴趣替代法，帮助孩子发现内心力量　\ 100

第四部分　接纳和理解，帮孩子走出情绪困境 \ 107

疗愈自己，是解决孩子问题的良策　\ 111
扩充情绪容量，更好地接纳孩子情绪　\ 115
学会共情，帮孩子应对同伴冲突　\ 118
坚守底线，帮助孩子走向独立　\ 124
保持内心的中正，做好孩子情绪的安全港湾　\ 130
以爱为舟，帮孩子重新找回生命能量　\ 134
直面恐惧，有效支持孩子走出抑郁　\ 139
有效引导，帮孩子缓解同伴交往焦虑　\ 144
纠正角色倒置，守护好孩子的安全感　\ 149
与内在小孩对话，让爱意自然流淌　\ 154

第五部分 应对数字时代的挑战,养育身心健康的孩子 \ 161

充分准备,跟孩子约定手机使用规则 \ 165

灵活变通,让孩子自律使用手机 \ 170

调整期待,正确看待手机游戏 \ 174

认可社交需求,帮孩子找到集体归属感 \ 177

先修复亲子关系,再沟通玩手机问题 \ 180

用好三个关键字,解决孩子手机游戏沉迷问题 \ 182

顺应成长节奏,调节游戏背后的压力 \ 186

滋养和欣赏,养育身心健康的孩子 \ 190

第一部分

◆ 概论

\ 了解青春期孩子的变化,为他们健康成长保驾护航
\ 满足心理需求,培养自律、自信的孩子

了解青春期孩子的变化，
为他们健康成长保驾护航

提到青春期，你会想到什么呢？回想你自己的青春期，你有哪些特别的经历和感悟？而面对如今的青春期孩子，你是不是又会有不同的想法和感受呢？

事实上，随着时代的发展，青春期也发生了变化。之前，青春期是指 13 岁到 18 岁这一阶段，而随着现在孩子性发育的提前，从整体上看孩子的青春期已经提前了。女孩大概从 10 岁开始进入青春期，男孩一般晚两年左右。对于每个独特的青少年来说，这个时间表可能会略微有所不同。

青春期是人生旅程中一段特殊的时光，是由儿童走向成人的过渡时期。在这一时期，孩子会经历快速的成长和变化。

对于家有青春期孩子的父母来说，这段时期也充满挑战，亲子之间的冲突开始增多，父母必须面对许多不同的问题和挣扎，当无法有效应对时常常会深感受挫。

心理学家海姆·吉诺特说，我们和孩子之间沟通出现问题，常常不是因为缺乏爱心，而是缺乏对孩子的理解；不是因为缺乏智慧，而是缺乏知识。

所以，作为父母，我们需要了解孩子的变化，用科学的知识来武装自己，才能跟上孩子成长的脚步，成为既爱孩子，又懂孩子的父母，为孩子的成长保驾护航，帮助孩子顺利地度过青春期，并保持蓬勃的发展。

你可能会发现，到了青春期，孩子在情绪、行为上发生了很多改变。比如，孩子变得爱臭美，出门前总要照半天镜子；动不动就发脾气，甚至摔门、摔东西；你说往东，他偏偏往西，常常和父母顶嘴；有时候甚至会做出一些冒险的行为，让父母担惊受怕；等等。

这些情绪和行为变化的背后，与孩子的生理发育、大脑发展以及激素变化是息息相关的。

首先，进入青春期，孩子的生理发育开始进入快速生长期。

从儿童到青少年，孩子在外貌上会发生很大变化，尤其是身高和体重快速增长。第二性征也开始表现得非常明显，男孩和女孩在身体形态上出现明显的性别差异和性别特征。女孩10岁时乳房开始发育，12岁左右开始来月经；男孩12岁左右开始性荷尔蒙分泌量增加，出现喉结突出、声音变粗、脸上长出胡须等现象。

孩子对于自己身体的发育、身体特征的变化，一般都会比较敏感。在这一阶段，孩子可能会因为这些变化而出现困惑、焦虑，甚至自卑等情绪。很多孩子会开始在意自己的外貌，和同龄人进行比较，比如，有的孩子觉得自己太胖了，或者长得不好看，不够强壮，等等。

面对孩子的身体变化，父母需要抱着坦诚和欣赏的心态，给予孩子积极的反馈，从而帮助孩子悦纳自己身体的变化，为自己的健康成长感到自豪。同时，由于每个孩子都有自己的发育时间表，而早熟或者晚熟都可能给孩子带来困扰，所以父母也要关注孩子的变化，给孩子提供相应的支持，帮助孩子摆脱困扰，迎接生命中新的历程。

其次，要理解青春期孩子，我们需要了解青春期时的大脑发展。

大脑中有不同的脑区，分别负责不同的功能。青春期大脑的第一个变化是不同脑区之间的连接比原来更通畅，也就是信号传递更快，这使得孩子的认知和思维能力都在飞速发展。

比起儿童，青春期孩子的抽象思维能力有了很大的提升，他们对许多事情都逐渐形成了自己的观点，除了关注自己和周围的事情，也会关注天下大事，对社会、对世界开始有了自己的看法。

青春期孩子思考的广度和深度都在提高，思辨能力在迅速提升，表现出来就是，有些孩子爱"顶嘴"，喜欢跟父母辩论。面对这种情况，父母需要认真对待和倾听孩子的看法，并真诚地回应他。父母也可以提出自己的观点，跟孩子一起探讨问题。通过平等的交流，父母和孩子可以增进对彼此的了解，双方都有所收获和成长。

我们会发现，青春期孩子常常有情绪化的表现，情绪起伏波动大，容易激动，爱发脾气，情绪容易低落，等等。这其实跟大脑的发展密切相关。

大脑中的边缘系统，包括杏仁核与海马体，已经在10—12岁走向成熟，尤其是负责情绪反应的杏仁核在青春期表现得非常活跃，这就让孩子的情绪转换非常快，表现也更强烈。而大脑中负责控制情绪、思考和计划等功能的前额叶皮层还在继续发育中，直到25岁左右才能完全发育成熟。所以，大脑边缘系统和前额叶皮层发育的这种不协调，是青春期孩子情绪化表现的内在神经机制。

如果用汽车来比喻，杏仁核就犹如油门，而前额叶就好像刹车，青少年的油门已经很发达，但刹车常常失灵，所以他们有时候真的无法控制自己的情绪。理解了这一点，我们就能更理性地看待孩子的情绪波动。

青春期大脑的另一个变化，就是孩子的强烈情绪平复得比较慢。这是因为当孩子有强烈情绪的时候，杏仁核就像一个气球一样，膨胀得很快，而回弹得很慢。所以，有些孩子出现低落情绪时，时间会持续得比较久。

由于大脑的这个特点，青春期孩子的社交痛苦要比其他阶段更加强烈。比如，当孩子遭到公开羞辱或者被孤立的时候，他的情绪会受到很大的冲击，有时候甚至会做出一些冲动的、极端的行为。

大脑发展的另外一个特点是，杏仁核会影响海马体。由于杏仁核与海马体相邻，所以当杏仁核急剧膨胀的时候，就会挤压旁边的海马体。杏仁核负责情绪，海马体负责记忆，所以当孩子有情绪的时候，学习注意力就很难集中，导致学习效率下降，学习效果变差。

此外，青春期孩子的激素水平会发生很大变化，包括性激素、多巴胺、褪黑素和皮质醇等。

性激素的分泌，除了促进孩子生理的成熟，也会对孩子的心理、情绪和行为产生影响。研究发现，青春期女孩更容易出现情感压抑、焦虑等，而男孩更容易出现情绪暴躁、攻击性行为等。

在青春期，运用多巴胺的神经回路会变得更活跃。多巴胺是一种神经递质，能够产生追求回报的驱动力。在青春期早期多巴胺开始发挥作用，在中期达到高峰，这就使得青春期孩子很容易被刺激的体验所吸引，渴望快感，所以很多青春期孩子喜欢冒险，喜欢玩极限运动，因为所有刺激性的活动都能帮助分泌多巴胺。

大脑会日夜分泌褪黑素，这是人体必不可少的一种天然荷尔蒙，是促进人类生物时钟功能正常运作的激素。天黑以后，脑垂体会分泌更多褪黑素，让我们产生睡意。青春期孩子的褪黑素会比成人延迟分泌两到三个小时，而且褪黑素在青少年体内作用的时间更长，这就导致他们开始睡得晚，不太能够像小时候那样很早就睡了，所以，我们会看到，很多青春期孩子晚上不睡，早上又不醒。

皮脂醇又叫压力激素，在高水平的皮质醇作用下，身体不仅会疲惫不堪，还会使得大脑内的血清素不能正常工作，而血清素的缺乏又会导致抑郁或焦躁情绪的出现。皮质醇的分泌是有节律性的，以24小时为一个固定周期循环，皮质醇一般在早晨的时候分泌的量最多。有些青春期孩子在早晨的时候容易情绪低落，部分原因是他们的皮质醇分泌正好在那个时候是峰值，尤其是有抑郁情绪的孩子，所以他们在早晨的时候状态比较差。

青春期孩子的很多表现，与他们的生理发育、大脑发展和激素分泌变化都是息息相关的。当我们了解了孩子的这些变化和特点，就能更好地理解孩子的行为，也能更有耐心，包容孩子的"问题"，并跟孩子一起寻找积极的解决办法，助力孩子的蓬勃发展。

作家麦家曾说："年轻人，或者说青春期就是一个危险，可以上天也可以入地，可以是一把刀也可以是一朵鲜花。我们作为长辈，只有一种选择，帮助他变成一朵花，抹平坚韧的地方。帮助他度过最摇摆不定，定时炸弹的这样一个阶段。"

所以，了解你的青春期孩子，是你作为父母助力孩子健康成长的第一步。我们越是深入地理解孩子，就越能内心笃定，充满信心地应对各种棘手的问题和挑战，支持孩子平稳度过青春期，并为未来生活做好准备。

满足心理需求，
培养自律、自信的孩子

在青春期之前，很多孩子都是父母眼里的"宝贝"，会比较听从父母的安排和决定，服从父母制订的规则，遇到问题时首先寻求父母的帮助，伤心难过时也会寻求父母的安慰。而等孩子到了青春期，很多父母会忽然发现，孩子不再"属于自己"了，他们不太愿意跟父母待在一起，而更愿意把时间留给朋友，也越来越不听父母的建议，对于父母苦口婆心的劝导完全充耳不闻，甚至常常跟父母对着干。

对于孩子的这些行为，父母常常用"叛逆"来形容。那么，青春期孩子为什么会出现叛逆呢？这其实跟他们核心的心理需求有关系。

青春期孩子的第一大核心心理需求是自主感。

不知道你有没有遇到过这样的场景。孩子说好了半小时后去做作业，可是时间到了却依然在玩游戏，于是你开始催促："你怎么还不去写作业呀？"然后孩子会说："你烦不烦呀？"

对于一个青春期孩子来说，当父母不断去催促孩子的时候，孩子心里会想什么呢？他又有什么感受呢？或许父母觉得自己在表达对孩子的关心，是为了孩子好，但在孩子听来，他可能感受到的是父母对自己的不信任。他可能想，我过几分钟就会去写作业的，我希望有自己的节奏，我不想听父母的安排，我要自己做主。

孩子写作业拖拉磨蹭，通常跟缺乏自主感有关。如果父母在写作业这件事上过多地催促和提醒孩子，甚至完全由父母来安排具体的细节，那么孩子就会感到在这件事上失去了自主权和掌控权，导致学习的动机降低，从而变得拖拉磨蹭。

要想让孩子保持充足的学习动力，在学习上能够自我激励，我们需要满足孩子的自主感。尤其是对青春期的孩子，父母不应该也不可能逼着他违背自己的意愿去做事情。如果孩子感觉到学习的自主权在自己手中，他会更愿意将学习视为自己的责任，从而乐于主动地去做作业，这也会进一步增强自主感。

父母都希望孩子能在未来社会中取得成功，能在做事时尽力而为，成为自律的孩子。但要使这种愿望成为可能，靠的不是父母的催促和提醒，而是需要孩子真正从内心受到感召，或者说孩子具有强烈的自主动机，愿意主动去做事，承担起自己的责任。

所以，对于青春期孩子，父母要更多地尊重孩子的自主权，鼓励孩子自己做出决定。比如，当父母希望孩子收拾脏乱的房间时，不是用命令或者嘲讽的口吻，而是给孩子一定的选择空间，这样会让孩子感觉有自主感和掌控感，孩子会更愿意合作，也更能学会理智地评估自身需求和责任，进一步权衡利弊，努力做出明智的决定。

青春期孩子的第二大核心心理需求是成就感。

成就感，是指孩子对于"我是否能够胜任某件事"的心理感觉，而不是跟实际的成就相关。不管学业成绩如何，孩子都希望向世界证明"我是有能力的，我能行"。如果父母抱着居高临下的态度，认为自己吃的盐比孩子吃的饭都多，经常向孩子证明"我是对的，你是错的"，这会让孩子感到非常沮丧，产生强烈的挫败感。

比如，孩子期末考试前没有听从父母的建议去复习，而是按照自己的方式去准备，结果没有考好，回到家后，父母说："我早提醒过你了，你还偏偏不听，现在看看结果吧。"父母这样的做法对孩子来说无疑是雪上加霜，因为成绩不理想，孩子本来就已经很难过、沮丧了，父母的指责只能让孩子的挫败感加重，打击孩子的自信心，孩子对于成就感的需求也无法得到满足。

如果孩子学习成绩不好，他会通过其他途径来证明自己的能力。比如，有的孩子会在打篮球等体育运动中表现出色。而有些孩子在现实生活中无法得到成就感，甚至会遭遇一些痛苦和打击，也可能会沉迷于游戏中，在虚拟世界里来寻找"我能行"的感觉。

要满足孩子对于成就感的心理需求，父母可以多去观察和关注孩子做得好的地方，看到孩子身上的积极品质并向孩子表达出来。比如，当孩子利用网络主动去搜索信息的时候，可以称赞孩子的主动探索精神以及对网络工具的熟练使用，表达对孩子的欣赏；当孩子主动帮忙做家务的时候，可以称赞孩子的责任感，并向孩子表达感谢；当孩子在学习上取得进步的时候，可以表达对孩子努力过程的认可，让孩子为自己的进步和成长感到骄傲。

父母也可以鼓励和支持孩子发展兴趣爱好，让孩子在他喜欢和擅长的领域进一步发展，这样也能够满足孩子对于成就感的需求，让孩子变得更加自信。

青春期孩子的第三大核心心理需求是安全感和归属感。

孩子非常渴望安全感和归属感，他们在外面可能会遇到各种各样的挫折，身体和大脑也在发生着很大的变化，内心常常是动荡不安的。而家庭可以成为孩子的安全基地，为孩子提供一个稳定的支撑，帮助孩子度过这段暴风骤雨的特殊时期。

父母要做孩子温暖而坚定的支持者，这也可以帮助孩子提升对未来社会的适应能力。哈佛大学"儿童发展中心"曾做过一项对孩子适应能力的研究，一些孩子克服了严峻的挑战，最终取得了成功，而另一些孩子则在困难面前容易退缩。那么，这些取得成功的孩子有什么共同点呢？

研究发现，适应能力强的孩子唯一的共同点，就是这些孩子与支持他们的成年人之间保持着一种稳定、真诚的关系，这里的成年人可以是父母，也可以是其他看护人。这种关系能针对孩子的个人需求做出及时响应，并给予支持、提供保护，减少孩子发展过程中受到的干扰，也会帮助孩子培养一些关键的能力，让孩子对逆境或顺境做出适当的回应。

所以，在青春期孩子的发展过程中，我们父母需要给予孩子爱和温暖的支持，满足孩子对安全感和归属感的需求，为孩子将来更好地适应社会打下基础。

虽然青春期孩子会给我们带来很多难题和挑战，但作为父母，我们可以在生活中关注孩子，并表达我们的关心，让孩子感受到爱。比如，孩子参加球赛，我们可以做接送他的司机，到现场去为他加油，在他胜利时给他一个热情的击掌，在他失败时轻轻拍拍他的肩头。我们的在场和关注，就是对孩子最大的心理支持。这些关心和支持，也会给孩子带来滋养和能量，让孩子更有力量走在自己的人生路上。

当青春期孩子的自主感、成就感、安全感和归属感能够得到满足，孩子就会变得更加自律、自信，并更有可能顺利完成这一阶段重要的心理任务，即建立自我同一性，并逐渐形成健康的人格。

心理学家埃里克森提出，人在一生中要经历八个心理发展阶段，每个阶段都有特殊的社会心理任务。在青春期阶段，**青少年最主要的任务是自我同一性的建立。**

简单来说，自我同一性就是孩子在寻求自我发展的过程中，对于自己是谁，自己在群体中的地位如何，将来要成为什么人，怎么努力成为理想中的人等一连串问题的感受和意识。比如，孩子会思考："我是一个什么样的人？""我在别人眼里是什么样的人？""我想成为什么样的人？"这些问题其实就是孩子对自我的探索。

自我同一性的建立对孩子的发展非常重要。如果自我同一性建立得好，孩子就会对自己有一个比较清晰的认知，了解自己的优势，也能坦然接受自己的不足，实现自我悦纳。如果孩子建立了积极的自我同一性，将来也能更好地适应社会，体验自身的价值和人生的意义。如果不能很好地建立自我同一性，孩子就难以对自己形成恰当的自我认知，将来还可能出现各种心理问题和社会适应问题。

自我同一性的建立是需要时间的，对青春期孩子来说，这个自我探索的过程可能是磕磕绊绊的，也可能会有迷茫和波折。要帮助孩子达成自我同一性，我们需要给予孩子自我探索的时间和空间，而不是让孩子的所有时间都被作业填满。比如，孩子喜欢看小说，喜欢写作，就需要有时间去阅读喜欢的作品，并尝试去写东西，他也许会考虑将来从事跟写作相关的职业，或者把写作作为一项兴趣爱好。

在不断探索、思考和尝试的过程中，孩子可能常常会表现出叛逆，这时候我们家长要看到，叛逆现象实际上是孩子成长的标志。研究表明，在青春前期（12—15岁）叛逆行为多的孩子，青春后期（18—21岁）就更容易建立自我同一性。我们越是尊重孩子，允许孩子自由地去探索，孩子后期的动力就会越强，逐渐找到自己的人生方向。

理解了青春期孩子的三大核心心理需求，了解了孩子在这一阶段要完成的心理任务，我们就能更好地支持和陪伴孩子，给孩子的成长注入能量和动力，让孩子变得更加自律和自信，最终成长为最好的自己。

第二部分

◆ 有效沟通，建立良好的亲子关系

\ 接纳和倾听，让孩子更愿意积极解决问题
\ 警惕无效表达，学会有效沟通
\ 做内心强大的妈妈，帮孩子修复安全感
\ 走出误区，重建亲子沟通模式
\ 尊重成长节奏，懂得放手和欣赏
\ 改善夫妻关系，营造良好家庭氛围
\ 情字当先，让亲子沟通更顺畅

当孩子进入青春期，开始跟父母越来越疏远，亲子沟通越来越不顺畅，对父母来说，这无疑带来了很多养育上的困难和挑战。

虽然青春期孩子给你带来的挑战比你想象的要大，但是你要知道，孩子比你想象的更需要你。虽然外表上他们已经长大了，但其实内心仍然非常渴望父母的关爱，渴望被父母看见、理解和认可。即使同伴关系对他们的影响越来越大，父母仍然是他们生命中不可替代的重要支撑。在青春期这一特殊的发展阶段，与孩子保持良好的亲子关系和亲子联结是我们作为父母的第一要务。

然而，当孩子在行为上不断出现各种让我们烦恼和抓狂的问题，当亲子之间不断出现矛盾、冲突，甚至激烈的对抗时，我们常常会有强烈的沮丧感和挫败感；对于孩子来说，所有行为问题的背后其实都隐藏着未满足的心理需求。进入青春期，孩子对父母的依恋需求并未消退，如果孩子的依恋需求得不到满足，孩子就不能走向真正的独立和成熟。

所以，对父母来说，既需要照顾好自己的需要，学会管理自己的情绪，让自己成为孩子动荡青春期里稳定的存在；又需要保持平等、开放的心态，努力去理解自己的青春期孩子，同时对以往无效的沟通模式进行审视和反思，学习和掌握有效的沟通方式和方法，并根据孩子的需求做出适当的调整，这样才能给予孩子需要的爱和支持，更好地促进孩子的成长。

父母的爱和关注，能给予孩子行走世界的底气；父母的陪伴和支持，能为孩子的成长提供最重要的养分；父母的鼓励和引导，能激励孩子勇敢走向属于自己的未来。

在这一模块中，我们精选了青春期父母在亲子关系方面的案例，呈现了父母面临的各种挑战、问题和困惑，通过心理专家与父母进行的细致的工作，帮助父母理解孩子，理解自己，理解关系，从而看清问题的症结，找到有效应对的方法，走出沮丧、挫败的情绪低谷，并与孩子建立高质量的亲子关系，成为孩子成长路上的加油站。

接纳和倾听，
让孩子更愿意积极解决问题

案例描述 ▶

我儿子今年 17 岁，现在上高二，他在初二下学期就开始休学了，后面就是复学、休学一直反反复复了很多次。去年年底的时候因为骨折住院，他又一次休学，就一直在家休息。到前一段时间开学的时候，他自己提出来去学校。

在学校，他上课注意力不集中，跟不上学习进度，成绩不好，每次只能考 60 多分。而且他的状态也不太好，总是一有什么不满意，就会把所有的情绪转嫁到我和他爸爸身上。孩子跟同学的人际关系也不好。

我现在要问的问题：我怎样让他有动力去迎接他复学后的学习生活，让他学会自己去面对和解决困难，而不是一遇到问题就抱怨父母？

案例解析 ▶

从妈妈的描述中，我们看到了一个软弱无力的孩子，遇到问题只会埋怨，感觉这个孩子内心没有力量，只会怨天尤人。但其实，我们只看到了冰山一角。

我们每个人在人际互动中都在同时扮演着受害者、迫害者和拯救者三种角色。孩子没有办法复学，看起来他是受害者，反过来他就不断地折腾，让父母觉得很难受，这个时候他就是迫害者。当父母实在受不了了，到处找方法，最后通过学习，父母走上了自我成长的道路，这个时候孩子又是拯救者。

对父母来说也是一样，他们为了孩子想了很多方法，扮演的是拯救者。但是，与此同时，他们也在被孩子折磨，因此也是受害者。那么，父母在什么时候扮演了迫害者的角色呢？孩子的抱怨真的是毫无根据吗？只有父母找到自己的迫害性行为，修正自己的行为，孩子的受害者角色才会消失，才不会抱怨父母。

结合这个家庭的个性化情况，我给妈妈提出了三条建议。

第一，反思自己对孩子的迫害性行为。

父母需要去回顾和反思自己的哪些行为对孩子造成了迫害。当父母的迫害性行为比较多时，孩子内心的能量就会被削弱。孩子会觉得自己是软弱无力的，没有足够的能量改变现状。因此，为了求得心理上的安慰，孩子就会把一些不如意归因为外部因素，怨天尤人。

比如，父母是不是平时对孩子要求过高，让孩子觉得自己毫无价值？从上面的案例中我们可以看到，孩子在三年的反复休学、复学过程中，仍然能考到 60 分，这说明孩子已经非常努力了。因为如果他不努力，他不可能保持成绩这么稳定，肯定连 60 分都考不到。更何况，他还要消耗大量的能量去适应新的人际关系。但是，从妈妈的描述中，父母对孩子的表现并不满意。其实这种不满意的态度就是迫害性行为，它让孩子感觉到自己的努力毫无价值，感到自己拼尽全力也达不到父母的期望。这就打击了孩子的积极性，让孩子产生挫败感，损害了孩子的自信心。

第二，鼓励孩子进行多种尝试。

当孩子总是抱怨父母时，说明他的内心能量已经严重不足，他现在需要的是鼓励，需要别人给自己传输能量。如果这个时候孩子自己能够提出一些解决方法，说明孩子还没有放弃，还有向上的动力。

在跟父母的进一步沟通中，我了解到，孩子曾经让父母给自己找过心理医生，只不过没有达到理想的效果。其实这很正常，就像减肥一样，我们可能需要尝试很多种方法之后，才能找到最适合的方法，很少会一次就能成功。因此，父母一定要鼓励孩子，让孩子多去尝试，多找一些方法去解决问题，而不是一次失败就放弃。

第三，接纳孩子。

很多时候父母会发现，自己已经在改变了，停止了对孩子的迫害性行为，也鼓励了孩子，但孩子还是怨天尤人。这是因为父母之前的行为已经刻入了他的潜意识里,他已经把外在的父母内化了。比如,之前父母总是要求孩子考个好成绩,渐渐地,这种观念就深入了孩子的潜意识。即使现在父母对他说"成绩不重要",也没有用了,他的内在父母会告诉他"不可以,分数还是很重要的"。

所以,父母现在能做的就是接纳孩子,要接纳他整个人,接纳他的各种情绪,接纳他的各种状态。只要不违背道德,不触犯法律,孩子现在所有的状态和行为,父母都要接纳,不要批判。孩子如果抱怨,父母就全神贯注地倾听,让孩子把内心的委屈说出来。当孩子的精神慢慢放松下来,感受到父母的诚意,他就更愿意把自己的困难说给父母听,让父母帮助自己寻找解决方法,而不是抱怨。

警惕无效表达，
学会有效沟通

案例描述 ▶

一位妈妈因为孩子玩手机的问题，找我求助。她说跟孩子约定了用手机的时间，但是到点后总得一遍遍提醒孩子交手机，最后闹得争吵不断。这让妈妈很苦恼。

面对这样的问题，我让妈妈复原了一下当时的沟通场景：

孩子："妈妈，我需要用手机听课，能给我手机用一下吗？"

妈妈觉得是学习，就把手机给了孩子，并说："晚上10点前要把手机还给我。"

妈妈："现在都快11点了，你写完了吗？写完了赶紧把手机给我。"

孩子说还没有。这中间妈妈提醒和催促了好多回，但孩子就是无动于衷。

最后妈妈说："这都几点了？赶紧把手机拿来，你要是每次都不守信用，下次就别找我要手机了。而且我知道你现在就是在玩游戏，要是一直在学习,成绩早就提上去了……"

妈妈最后没办法抢走了手机,孩子也很生气:"怎么了,写完作业很累了,难道就不能玩会儿吗……"于是夺门而出。

看到这样的情况,妈妈无奈又生气……

案例解析 ▶

在这个案例中,我们能看出来,妈妈其实给了孩子很多玩手机的空间和时间,但是在每次让孩子交手机时闹得很不愉快。这里面存在一个很大的问题,就是妈妈在和孩子沟通的过程中,有很多无效表达。比如,妈妈反复催交手机,在孩子看来就是家长在唠叨,感觉很烦。妈妈还指责孩子不守信用,威胁孩子,这些沟通方式只会引发孩子的对抗。

在日常生活中,父母常见的无效表达有哪些?对孩子有哪些影响呢?

1. 父母唠叨,孩子反感和忽视

父母越是对着孩子唠叨个不停,就越容易引起孩子的反感,甚至会让孩子产生"我偏要这样"的一种逆反心理。

2. 父母讨好,孩子回怼

有些父母后悔之前的教育方式,想要弥补之前对孩子的亏欠,就会卑微地去讨好孩子,但孩子依然会不依不饶,甚至会回怼父母的无能。父母要知道，爱就是爱，不是卑微和讨好，涉及原则和底线的事，该坚守就要坚守。

3. 父母期待，孩子压力过大

父母把自己的过高期待或未实现的愿望都寄托在孩子身上，这会让孩子担心不能实现父母的期待。持续的焦虑会使孩子的自尊心与自信心受挫，增加失败感和内疚感，从而形成紧张不安并带有恐惧的情绪状态，这可能会严重干扰学习。

4. 父母批判，孩子自我贬低

很多父母的出发点都是为了孩子好，但是很多时候却在心理层面不断地挫伤孩子。比如，有的父母经常批评孩子，孩子会自动忽视自己的需要，压抑自己的能力，自我贬低，从而让自己成为父母口中一无是处的样子。

5. 父母掌控，孩子失去自我

有的父母对孩子严格掌控，所有的细节安排得特别细致，导致孩子缺少自主空间，容易失去自我。

6. 父母沉默，孩子未被滋养

有的父母是沉默的，不跟孩子表达自己的内心世界，不会对孩子表达爱，孩子就会缺少爱的滋养。

那么，父母要如何做到有效表达呢？

1. 观点界限性表达

如果孩子考试分数很低，父母很生气，这是谁的事？是父母自己的事，自己的事自己解决。如果父母拿孩子出气，就说明没有界限。如果孩子生气了，这又意味着什么呢？这意味着是他自己的事。如果孩子生气了，父母不让他生气，这叫过界。

观点界限性表达举例：

"写作业是你的事情，由你自己管理。"

"这是你的计划，我只负责给你建议。"

"起床是你的事情，早起还是晚起，你自己负责。"

"自己的衣服自己洗，自己的被子自己叠。"

循序渐进，把这些事情的自主权逐渐给到孩子，让孩子自己开始负责。孩子一旦做好了，父母就要对孩子表达认可和欣赏。所以父母要先有界限，让孩子感觉到自己是个独立的人，是被尊重的，这样他才能真正地走向独立。父母管得越多，孩子问题就可能越大。

2. 事实性的表达

什么叫事实性的表达？举例来说，孩子把客厅弄乱了，父母会怎么说？

"你看你把这里弄得跟狗窝似的，你怎么给我弄的？你弄乱自己的房间就算了,怎么把客厅也弄成这样了?"这更多的是情绪性表达。

"孩子,你把客厅弄乱了,我很生气,这需要我花两个小时收拾。"

这句话就很有效果,为什么呢?第一句"你把客厅弄乱了",这是事实,客观存在的事实。父母没有说那些难听的、攻击性的话,只说了事实。那第二句说什么呢?说父母自己的感受,"我很生气",是父母真实的感觉和感受,这条很重要。第三句话说对父母有什么影响,"这需要我花两个小时收拾"。所以这句话父母说多少遍都不伤害孩子,因为它表达的是事实,而不是情绪。

再举两个例子:

"你玩了三个小时的手机,破坏了我们共同制订的规则,我很生气。我们需要聊一下,我想知道你真实的想法。"

在这里,孩子玩了三个小时的手机,破坏了亲子之间共同的约定,这是事实。事实说完了,接下来"我很生气",这是父母的感受和情绪。那么接下来父母想怎么做?父母的决定是什么?父母决定要跟孩子谈一谈,"我想知道你真实的想法"。这里面没有一句伤害性的话,没有说:"你必须马上给我学习,你再玩我就把你的手机扔掉。"如果父母这么说,那孩子肯定不能接受。

事实性的表达,就是对于每一件事情,都去表达事实,不要过度演绎。

"看到你的分数之后,我非常焦虑,不知道如何是好,或许我需要了解到底发生了什么,才能让自己放松下来。"

第一句,"看到你的分数之后",表明事实,就是本次考试没有考好。第二句,"我非常焦虑,不知道如何是好",这是父母的感觉。第三句,"或许我需要了解到底发生了什么",父母想了解,不是因为孩子有问题,不是因为孩子不聪明,而是父母想了解到底发生了什么,才能让自己放松下来,这些都跟父母自己有关系。这就是事实性的表达。但是如果父母以攻击性的方式表达,就会导致亲子关系越来越糟糕。

沟通中规矩越多,管束越多,给孩子的限制就越多,这会导致孩子的大部分能量都用于与父母对抗,自我无法得到充分发展。当父母面对孩子的时候,请多进行有效表达,多用观点界限性表达和事实性的表达,关注孩子的感受和需要。同时,父母也要及时向孩子表达自己的感受和想法。

做内心强大的妈妈，
帮孩子修复安全感

案例描述 ▶

我有一个儿子，12岁，他现在晚上都还是要睡我的床，还要我陪，不然他就睡不着。孩子之所以不愿意和我分床睡，可能是因为爸爸曾经在他的床上打过他，而且打得很凶，甚至卡着他的脖子说"我要杀了你"，这可能会让孩子害怕自己的那张床，所以睡不着。

案例解析 ▶

这位妈妈表面上咨询的是与孩子分床的问题，实质上是孩子被父亲家暴，损害了孩子的安全感的问题。

通过与这位妈妈的深入沟通，发现这位爸爸并不家暴妈妈，而只是家暴孩子。在孩子出生之后，这位爸爸经常会抱怨为什么要生孩子，或者会说"这个孩子不听话，要么就重新生一个"，这说明爸爸可能是在跟孩子争宠。

有些男性在孩子出生之后，因为妈妈的大部分精力都放到了孩子身上，他们就会感觉自己失宠了，不再那么受另一半的关注了，因此他们会嫉妒这个小婴儿。当然，在意识层面他们没有办法承认自己嫉妒自己的孩子，所以他们会通过其他行为表现出来，比如打着教育的旗号家暴孩子。

孩子生活在被家暴的环境中，安全感当然会受损。但是，在家庭中，如果能有人保护孩子，就能够弥补孩子受损的安全感。因此，我继续追问了这位妈妈，在爸爸家暴孩子时，自己是否保护了孩子。但事实是，这位妈妈从小被教育要乖，要顺从，不能有自己的主见，内心没有足够的力量，而且家里的婆婆比较强势，婆婆也会向着自己的儿子。她阻止不了丈夫的行为，不能对丈夫起到威慑作用，因此孩子的安全感一直在受到损害，而没有人能够真正保护他，他晚上当然不敢自己一个人睡觉了。

孩子犹如一颗种子，父母就像土壤，土壤是否肥沃，决定了种子是否可以生根、发芽，茁壮长大。如果想让孩子健康成长，必须要从改变父母开始。因此，我给妈妈提了两点建议：

第一，要让自己变得更加有力量。

这位妈妈可能需要先处理原生家庭对自己的影响，逐渐增强自我的力量。在原生家庭中，妈妈习得的模式是压抑自己的情绪，不能表达自己内心真正的想法。在现在的家庭中这位妈妈继续延续这样的模式，一方面她自身会有很多委屈和不满，积累很多负面情绪，不利于自己的身心健康；另一方面由于内心软弱，她没有力量采取果断的行动，也无法很好地保护孩子。所以，妈妈需要觉察自己行为模式背后的原因，逐渐学会表达自己的想法和感受，让自己的内心变得更强大，这样才有可能在孩子需要的时候保护孩子。

第二，要学会沟通，学会协调家人之间的关系。

妈妈可以试着和爸爸多沟通，在教育理念上尽可能地跟爸爸达成一致。比如，让爸爸知道打孩子会给孩子带来的心理伤害。妈妈也可以试着多创造一些全家共同活动的机会，增强亲子之间的情感，尤其是唤起爸爸对孩子的爱和关心，让家庭氛围更加和谐。对于强势的婆婆，妈妈也可以在表达理解的基础上，跟婆婆友好、坦诚地交流，争取婆婆的支持，从而减少对抗，让一家人的关系更加紧密。

当然，只有妈妈改变是不够的，爸爸也需要改变。但是爸爸可能没有这个意识，这时候就需要妈妈使用一些方法减少爸爸对孩子的暴力行为。比如，让爸爸多运动，做一些自己感兴趣的事情，将爸爸体内的荷尔蒙消耗掉，从体力上降低他家暴孩子的可能性。

除了以上方法，我们需要一些更直接的方法，让孩子远离爸爸。比如，可以让孩子在家里有一个安全区，一旦要被家暴了，孩子可以躲进安全区，把里面的门反锁上，让爸爸打不到他。

走出误区，
重建亲子沟通模式

案例描述 ▶

我的儿子12岁，小时候跟我很亲近，但是到了青春期就跟变了一个人似的，不喜欢和我交流，有时候我话还没说完，他就摔门出去了！每天放学回家后，他就回到自己的房间把门锁上，经常是我敲半天门，他都不肯开门。全家一起吃饭的时候，我问他一些学校的事情，他也不太愿意搭话，我一点也不知道他心里在想什么，感觉亲子之间变得疏远了。

案例解析 ▶

孩子之所以不愿意和父母沟通，亲子之间变得陌生，这在某种程度上与父母跟孩子的互动方式有关。

父母在与青春期孩子的互动中常犯四种错误：

第一，多指令式的语言。

青春期孩子自我意识逐渐增强，他们特别看重自己的想法，不愿意听从别人的指挥。但是很多父母没有意识到孩子心理的变化，仍然用对待小孩的方式与他们沟通，在交流中更多用的是指令式的语言。比如，"把衣服穿上！""去学习！""该睡觉了！"这种沟通方式会让青春期孩子觉得自己就像个机器，没有自己的思想，被父母遥控来遥控去。因此，他们的内心就自然而然产生一种逆反心理，要么就是和父母作对，要么就是不搭理父母。他们要用这种方式来宣布自己已经长大，自己是一个有思想、有主见的人。

第二，肆意宣泄情绪。

有些父母与孩子的沟通根本称不上"沟通"，而只是一种情绪宣泄。比如，孩子考了 58 分，父母就火冒三丈："让你学习你不学习，考了这么点儿分，你还好意思回来，我的脸都让你丢尽了，以后哪里也别去，就在屋子里给我学习！"父母这种激烈的情绪反应并不能激发孩子的学习动机，反而会让孩子觉得父母根本不理解自己，因为孩子也不想考这么差，他内心也很难受。当孩子发现父母不能理解自己时，以后发生类似的事情，就会尽量不让父母知道。

第三，讽刺孩子。

有的父母在和孩子沟通时不懂得尊重孩子，会时不时讽刺孩子。比如，"就你能行？""你简直就是小痞子！"这种言语和行为无疑是不相信孩子，是在攻击孩子。长此以往，父母会失去孩子的信任，孩子有事情时也不愿意跟父母沟通。

第四，打断孩子的话。

当孩子想要某种东西，或者想做某件事时，父母不想同意但是又不能说服孩子时，常常会通过打断的方式回应孩子。比如，"吃饭的时候，不要说这个。对了，你上次舞蹈比赛怎么样？"这种打断的方式其实就是在逃避孩子，孩子会感受到被拒绝、不被接纳。

所以，要想重建亲子关系，父母首先必须改变自己的沟通方式，将"说的角色"转变成"听的角色"。父母和孩子相处的时间是有限的，如果父母少说了，孩子能够发言的机会自然就多了，父母对孩子的了解就多了。父母在与孩子沟通时要坚持少说多听的原则，用80%的时间来倾听，20%的时间可以适当发问，把更多的表达机会留给孩子。

那么具体怎么倾听呢？这里介绍四个方法。

第一，专注孩子说话的内容，不要关注孩子的表现细节。

孩子在表达时，父母要将注意力放在孩子的说话内容上，不要太关注孩子的表现细节。比如，"你给我坐好，别抖腿，把头抬起来……"如果父母一直打断孩子，孩子就不想继续沟通了。

第二，在倾听时经常点头，保持回应。

孩子在表达自己的时候，父母可以通过点头等动作来表达自己正在关注孩子所说的内容，时刻给予孩子回应，这样孩子才更愿意继续说下去。

第三，陈述事实但不评判。

除了用点头来回应孩子，父母还可以将孩子说的话重复陈述一遍，来表达自己确实在关注孩子说的内容，但是要注意，这里不要加入自己的主观评判。比如，孩子说："我不喜欢学习。"父母可以这样回应："嗯，你不喜欢学习，然后呢？"千万不要指责孩子："你怎么能不喜欢学习呢？就算你不喜欢，你也必须学习。"当父母加入了主观评判，孩子就会觉得，"早知道你会这么说，那我还不如不说呢"。父母可以先听听孩子的想法，问问他为什么不喜欢学习，听听他对未来的打算。

第四，关注其中的积极方面。

每个孩子都希望得到认可和欣赏。如果父母每天都能夸赞孩子，孩子自然愿意跟家长倾诉。在与孩子沟通时，父母要看到事情的积极意义，看到孩子的优势，夸赞孩子。比如，孩子说与老师吵架了，虽然孩子处理问题的方式是不好的，但是也表明孩子内心不惧怕权威，敢于表达自己，有自己的想法，不唯唯诺诺，这一点是值得夸赞的。父母可以这么说："嗯，你刚刚说你与老师吵架了，虽然这个行为是不好的，但是我发现你不惧怕权威，这使我非常高兴。能说说你们吵架的原因吗？"通过这样的夸赞，孩子看到父母能够从多角度看待自己，就更加愿意沟通了。

尊重成长节奏，
懂得放手和欣赏

案例描述 ▶

我女儿12岁，独生女，今年9月开学上初一。她想住校，但我建议不住校，因为她从家到学校走路五分钟就到了。我之前问过她为什么想住校，她说初中要上晚自习，住宿就不用每天来回跑，节约时间。我自己的猜测是，她对住宿生活感到好奇，所以想体验一下集体生活。我最终也没反对，同意她住校了。但我想问一下，她住校一周只能回家两天，我可以做什么去应对孩子住校的情况？

案例解析 ▶

这位妈妈懂得未雨绸缪，虽然孩子没有出现问题，但她提前做好了思想准备。妈妈不建议孩子住校，可能有她的考虑。我问她："女儿住校了，你是什么心情？"

她表示："我一开始有点焦虑，因为孩子从来没有离开过我。我担心她在宿舍被同学欺负，我自己也没做好心理准备，孩子这么早就离开家了。"

这位妈妈的表达很坦诚。我这样回应她:"非常好,首先你能觉察到自己的情绪是焦虑。其次,你知道为什么会焦虑,担心她受欺负。最后,我非常欣赏你,你愿意为了孩子的成长放弃自己的需求。不希望孩子住校,是你的需求,不是孩子的需求。当妈妈的需求跟孩子的需求发生冲突了,你能够管理好自己的状态,尊重孩子的需求,这是非常难得的。之前孩子一直在你身边,你可以在她身上投入大量的时间、精力、情感,孩子也会回应你,满足你的情感需求。现在你意识到,孩子终归是要离开父母的。让孩子满足父母的情感需求,是不合理的。那么,你的情感需求应该从哪里得到?最恰当的来源是你的伴侣。如果你不愿意从伴侣那里获得情感满足,你就不会放孩子走。所以你觉察到了之后,行为会有调整吗?你觉得从老公那里获得情感联结的需求容易满足吗?"她说她和老公的关系还不错,容易从老公那里获得关系的满足感。

我相信她的判断。孩子住校,其实是在逐渐远离父母。每个孩子的安全感情况不一样。3岁以前的孩子,当他感觉环境安全,他就会离开妈妈,到远一点的地方去玩;当他觉得危险了,又会跑回到妈妈身边。现在她的孩子感觉比较安全,所以有能力离开父母远一点,这是她家孩子的情况。

最后,我问她和女儿的亲子关系怎么样。她说,她们关系还不错,女儿有什么心事会主动和她说。这说明孩子不是想要逃离糟糕的亲子关系,才要离开家。每个孩子的成长节奏不同,有的可能快一些,有的可能慢一些，所以父母不要套用一个普遍的规律，担心她快了或者慢了。父母要跟随孩子的成长节奏，如果某一天她在学校遇到一些自己不会处理的事情，这时父母再出面。

孩子要住校了，父母可以做三件事，帮助孩子和自己适应。

第一，欣赏孩子。

孩子为自己的人生做了一个重大决定，她要离家远一点儿了，开始走向独立自主了。父母要欣赏孩子的这种自主性，欣赏她的勇气和力量。在日常生活中，孩子身上肯定会表现出很多优秀的品质。比如，有主见，旺盛的好奇心，生活自理能力较强，等等。当孩子她表现出这些优秀品质的时候，父母要及时、真诚地肯定和欣赏，这样可以提高孩子的自我价值感，提升孩子的自尊和自信。一个有较高自尊和自信的孩子，也更容易适应新的环境，更能够在面对困难和挫折的时候，有力量寻求解决之道。

第二，如果孩子某一天不想住校了，在不违反学校规则的前提下，父母要接纳她。

可能孩子在学校的安全感受到了一些挑战，这时候父母不要说，"当初都是你自己决定要住的，你怎么不能坚持？你怎么这么没有毅力呢？"父母要做的只是接纳她。孩子想回家住，说明她需要滋养，父母滋养她就好了，但仍然要鼓励她完成一个学期的住校，这也是她为自己的决定负责的表现。但是如果遇到一些严重的情况，父母可以接受孩子不住校。

第三，帮助和支持孩子应对困难。

当孩子遇到困难，邀请父母帮她解决问题，父母就要出面了。父母要去关注这个事件有多大，这是孩子自己可以应对的吗？如果发现孩子无法自己应对，就要帮助孩子去处理。孩子需要感觉到，父母是她永远的后盾，在她需要帮助的时候，父母会无条件地支持她。不要把责任全部都放在孩子身上，因为她毕竟才 12 岁。

父母锦囊 ▶

开学的季节很多父母手忙脚乱，不仅孩子在适应新的学校生活，父母也在适应新的家庭生活。如果父母不能觉察自己内心发生了什么，可能会把自己的需求全部放在孩子身上。那么，孩子的负担就很重，不仅要背负学业的负担，还要背负来自父母的情感负担。所以父母的不成长，最后的压力都会落到孩子身上。

改善夫妻关系，
营造良好家庭氛围

案例描述 ▶

我结婚15年了，有两个儿子，老大10岁，老二2岁。我老公情绪不稳定，他脾气一上来，就会大声骂老大，骂的语言我都觉得过分。每次我老公这样骂孩子，我的情绪瞬间被点燃，忍不住当着孩子的面和老公吵。老大现在青春期了，他非常抵触爸爸，和爸爸的关系很糟糕。

我印象最深的一次，当时老大刚上小学，7岁的样子，因为一件小事被老公狠狠责骂。之后儿子把自己锁在房间里。当我让他打开房门时，看到的画面让我很震惊，儿子把房间里所有照片上爸爸的头像全部抠烂了。这个画面对我的冲击比较大，我感觉他从那时候就开始恨爸爸了。他小时候经常说："爸爸在哪里，我就不待在哪里。"这么多年，儿子好像就把我当成他的保护伞。我提醒过老公，孩子大了，不要再骂了，不然会激发孩子的逆反心理。但这些年来，老公没太大变化，他脾气急了依然会粗暴地骂老大，偶尔会打孩子，也会常常这样攻击我。

生了老二以后,我和老公一直分房睡,没有身体接触,我感觉我们的感情越来越淡了。即使如此,我还是希望经营好夫妻关系,给两个儿子营造和谐的家庭氛围,也想让老大心里舒服一点,改善他们父子俩的关系,但我不知道怎么办才好。

案例解析 ▶

为了让问题更聚焦,我问妈妈,她想先处理夫妻关系,还是老公和儿子的亲子关系?她说先处理亲子关系。她很想改善夫妻关系,因为在她看来,夫妻关系是解决亲子关系的前提。但她认为改善夫妻关系很难,所以想先改善老公和儿子的关系。她希望老公对孩子发火的时候,她能够比较淡定,情绪不被点燃。

通过跟这位妈妈的进一步沟通,我和她共同探索了她情绪被点燃的原因。她父母都是老师,她小时候成长的环境不允许骂人,所以从小到大她都没学会怎么骂人。但她老公就很会骂人,她不知道如何处理这种陌生的情景,所以她感到无助,也不能接受老公骂人的缺点。她特别不能忍受老公骂人,一听到她就不舒服,情绪就被点燃了。在一个家庭里,父母经常因为这些事情吵架,孩子的安全感会受到影响。

表面上看,儿子和妈妈的关系更近,和爸爸的关系更远,把妈妈当成了保护伞,其实孩子隐藏了对妈妈的愤怒情绪。妈妈反馈了一个重要的细节:有一次妈妈出去住了两天,爸爸一对一地陪伴孩子,她发现老大和爸爸相处得不错。爸爸会给老大做好吃的,带他出去看电影，父子单独相处比妈妈在家时表现得更友好一些。

儿子会抱怨爸爸，因为爸爸骂他、打他，他当然对爸爸有很多情绪。其实他也压抑了自己对妈妈的负面情绪，他对妈妈也有怒气，怒其不争：我妈妈怎么不争气一点？但他不敢表现出来，因为他心里想："妈妈跟我是站在一边的，妈妈给了我很多温暖和爱，我觉得我不应该抱怨妈妈。"所以他把对妈妈的愤怒和失望掩盖起来了。

当孩子遭受攻击的时候，无论攻击是来自家庭外部的人，还是来自家庭内部的人，父母有一个重要的职责，就是要保护孩子。孩子可能知道妈妈状态不好，心疼妈妈，与其让妈妈如此烦恼，不如让妈妈能够出去舒服一下。他愿意让妈妈走，是出于他爱妈妈，但他面对的外在攻击（爸爸的打骂）并没有消除。虽然妈妈嘴上说要保护孩子，但妈妈没有做到。

没有做到，就是默许。当我说到默许，妈妈情绪比较激动，她提到有一次儿子早上起床晚了，爸爸准备打他，还骂他，妈妈挺身而出，和爸爸吵架，指责爸爸。

在一个家庭里，当爸爸教育儿子，妈妈和爸爸态度不一致，反而和爸爸吵架，孩子心里会想："本来爸爸是骂我的，结果妈妈参与进来，变成爸爸和妈妈之间的争吵，都是我不好。"这种内疚的情绪对孩子的健康成长是不利的。

基于以上分析，我给妈妈提出三点建议：

第一，妈妈的内在力量要足够强大，表现出来的行为才有效。

虽然妈妈说会保护孩子，指责老公，但其实她在跟老公讲道理。一个人讲道理时，力量是在头脑层面的，身体能量是弱的。妈妈需要增强自己的内在力量，才能勇于坚持自己的价值观，有效地维护孩子的安全感。

第二，接纳老公的负面情绪。

这位妈妈的原生家庭没有骂人的习惯，所以她遇到老公那样的人，是完全不能接受的。她越排斥，她整个人传递给老公的信息越是："我不接受你，我看你不顺眼。我的原生家庭只讲道理，这是好的，像你这样骂人是不好的。"当她传递这样的信息给老公时，老公会感觉到自己被否定，不被接受。她越抗拒什么，什么就会越强烈，她老公就会骂得更厉害。他知道这是她的按钮，他一按，她就跳起来。他完全在情绪上掌控她了。

为什么她会被老公掌控？因为她有一个僵化的信念"骂人不好"，这来自原生家庭。她从小生活在严格的家庭环境中，父母是老师，在学校不允许学生说脏话，在家里不允许孩子说脏话。她对骂人抱着僵化的态度，这样的态度，限制了她的灵活性。我们要把握行为的性质，不局限于行为的表象。杀人的行为确实不对，但当这个行为的性质是正当防卫，法律是可能判定无罪的。从另外一个角度讲，这位妈妈对人的接纳度不是很高。如果她愿意打破僵化的信念，可以尝试学会"骂人"，毕竟这世界上有一些东西，是该骂的。

只要她自己愿意改变，愿意提高自己的接纳度，这个问题就能解决。

第三，改善夫妻关系。

这个家庭的夫妻互动陷入了一个不良的模式：出了问题，丈夫发现只要一骂妻子，妻子就跳起来靠近他（打架也是一种肢体接触），他也许觉得骂人的方法有一点增进关系的效果。所以妻子可以尝试这么理解丈夫：其实他很想让你靠近，只是他可能也没有一些好办法。

这位妈妈需要思考她想要的夫妻关系是什么样的，她愿不愿意为此而努力。如果不努力，不仅她自己，孩子也要为此买单。夫妻总争吵，孩子是不能理解的。即使我们跟孩子说没有关系，孩子依然觉得是他的错。对于孩子而言，他需要很强大的内心力量才能放下父母争吵的不利影响。如果父母仅仅跟孩子讲道理，解释父母为什么吵架，孩子是接受不了这样的信息的。孩子只是相信自己的真实感受，他会去感受家庭的真实氛围，用自己的方式理解家庭里面发生了什么。

情字当先，
让亲子沟通更顺畅

案例描述 ▶

我的儿子12岁，有一天写作业的时候，他忽然把笔一放，说："我不写作业了！"我就很着急地说："你怎么能不好好写作业呢？好好去写，快去！"结果孩子怼我说："写这有啥用？我就不写了。要写你写，反正我不写了。"我不知道怎么办才好。

后来还有一次，他又说不写作业了，我平复了一下自己的心情，好心好意地劝说他："作业你还是要写的，否则明天老师说你，你也不好受……"结果孩子又怼回来说："那我明天不去上学了。"为什么现在我感觉跟孩子沟通这么费劲呢？

案例解析 ▶

很多父母都会有一种感觉，觉得孩子小时候挺容易沟通的，不写作业的时候说一说也就去了，现在到了青春期，孩子要么就怼回来，要么就不说话。

青春期的亲子沟通类型，我们大致分为如下三类：

1. 零沟通型。父母跟孩子要么不说话，要么一开口就是吵架；或者父母跟孩子提的任何要求和建议，孩子完全不搭腔，连说都不说，就是完全当耳旁风。这就是零沟通的状态。

2. 基础型。父母跟孩子有简单的沟通。比如，提醒他吃饭，提醒时间等，孩子会有回应，但是不太能够进行相对深入的沟通。比如，孩子很少跟父母说自己的心情，在学校里怎么样，他的同伴关系如何等，这种就是基础型的亲子沟通类型。

3. 良好型。父母可以跟孩子有一定深度的沟通。比如，孩子会诉说自己的心情，有困难会找父母求助，也能谈兴趣爱好这类的话题。

良好型的沟通相对来说好一些，但也难免存在沟通不顺畅的问题，为什么呢？我们分别从孩子和家长两个方面来看一下。

从孩子方面来看，到了青春期，孩子的身心发生了很多变化：

1. 生理发展。由于青少年负责情绪和感觉的杏仁核比负责思考、计划和解决问题的前额叶皮质发展得快，所以他们容易感情用事，情绪波动快，经常令父母感到困惑，也不知道该如何跟孩子沟通。

2. 心理变化。自我关注、自我中心、自尊心强、渴望独立……很多跟父母关系还不错的青少年，都不太愿意听话的原因就在于，他们正在经历一个心理断乳期。在成长的过程中，孩子想要摆脱父母或者其他监护人的照顾，来形成独立人格，就是要挣脱开那个"圈"。

从父母方面来看，下面的原因也会引起亲子沟通不畅：

1. 不正确的教养方式。 有的父母过于控制，没有给孩子独立发展的空间，导致孩子的需求被压抑，孩子就会通过沉默来反抗；有的父母因为忙于工作而忽视孩子，尤其是忽视孩子的心理变化，让孩子没有感受到自己的重要性，导致孩子不愿意向父母敞开心扉；有的父母习惯批评孩子，总是指出孩子哪里做得不好，也会让孩子不想靠近父母，不愿意跟父母沟通。

2. 不恰当的沟通方式。 有时候父母很想走进孩子的内心世界，想了解孩子的真实想法，但往往因为不得当的沟通方式，引起孩子的反感，久而久之，孩子就会关上自己的心门。比如，父母常常不自觉地去唠叨孩子，反反复复地去强调一个问题，会让孩子感到厌烦，容易激发孩子的叛逆。

那么，父母要如何做呢？

第一，情字当先。

当父母跟孩子说话的时候，第一句一定是先说情绪。如果以前父母没有注意到这方面的问题，没有练习过，比如说不能在第一时间感觉出孩子到底是什么情绪的时候，在这里给一个替代方案。不管是孩子说"我不想写作业"，还是看到孩子情绪不对劲的场景，你都可以跟孩子说："你需要帮助吗？"

这句话只有六个字，看起来非常简单，但是它很有深意。它有三层意思，一是说"我很关心你，我看到了你是有情绪的"；二是"我知道你有情绪，但是不知道你此刻是不是需要帮助，我摸不准，我需要征询你的同意"；三是"我很尊重你，我感觉你有困难，而且我会跟你站在一起"。

对于青春期孩子来说，当他还处于情绪中的时候，是不喜欢听到别人的建议的。当父母判断不准孩子的情绪，不能直接说出孩子的情绪，或者第一句话不知道该怎么去说的时候，就可以跟孩子说这句话。在情绪稳定的时候，父母可以先练习一下，小声而温和地说三遍："你需要帮助吗？你需要帮助吗？你需要帮助吗？"

在情绪稳定时练习的作用是，当父母带着不好的情绪状态面对孩子时，语气不同，这句话说出来的效果也不一样。有的时候父母明显觉得孩子的情绪在那里绷着，结果去问孩子，孩子会说不需要，但是父母会觉得孩子那个绷着的情绪能稍微缓解一点，因为孩子的情绪已经被看见了，就算当时没有被处理，或者他自己还需要一段时间去处理，情绪被看见时，孩子的情绪就能得到缓解。

第二，复读机式回应。

当孩子在说明显有情绪的话："我不写作业了！""我再也不要去上课外班了！""我再也不要见到那个化学老师了！"……这时候父母可以用平缓的语气重复一遍他说的话。这句话的作用和"你需要帮助吗？"是一样的。第一，就是"我看到你有情绪了"；第二，"我摸不准你的情绪是什么"；第三，"我是在意你的"；第四，"我现在跟你说了这句话，表示我在这儿等着你往下说"。有时候孩子说完之后，他自己可能没感觉说得比较急躁，父母重复了一遍之后，他可能会意识到刚才说得不太好，他会自己调整。但是如果他情绪还没有调整过来，父母这样平静地说完以后，可以接着问，"你需要帮助吗？"孩子会感觉到自己的情绪被分担了，感觉到被关心、被理解，情绪冷静下来后自然愿意多说一些，或者更愿意合作。

关于如何回应孩子，下面这位妈妈的做法值得借鉴和参考。

她15岁的儿子有一次周末作业比较多，做了一阵之后就烦了，把笔一扔，说："我不要做作业了，再也不要做了！"当时妈妈心里一惊，然后说："儿子累了吧？休息一下，来和妈妈打会儿乒乓球？"当然妈妈是打不过儿子的。打完以后，休息了一会儿，孩子自己就默默地坐回书桌前写作业去了。

我们可以看到，这位妈妈只说了两句话，不需要如临大敌般地去唠叨或批评孩子。青春期孩子的情绪来得快，去得也快，用对方法，就能收获事半功倍的效果。

第三部分

◆ 找回心理动力，让孩子爱上学习

\ 耐心守护，孩子终会找到方向
\ 了解科学规律，帮孩子养成健康习惯
\ 对症下药，帮孩子找回学习动力
\ 给予心理营养，打破学习不积极的魔咒
\ 破除"习得性无助"，让孩子重新爱上学习
\ 寻根溯源，帮孩子走出厌学
\ 兴趣替代法，帮助孩子发现内心力量

调查表明，近年来越来越多的孩子开始出现厌学情绪，尤其是上了初中之后，很多孩子对学习的兴趣减弱，甚至有些孩子拒绝去学校，休学在家。

孩子不愿意学习，核心是学习动力出现了问题。学习动力就像是汽车的发动机，是孩子主动学习的源泉。拥有强烈学习动力的孩子，更愿意付出时间和精力投入学习，也更能从学习中获得满足感和愉悦感；而如果没有学习动力或者学习动力不足，孩子就很难进入良好的学习状态。

那么，孩子的学习动力从哪里来呢？实际上，孩子的成长就如同一株植物的生长，有着天然的内驱力。对于橡树的种子来说，它的使命就是生根、发芽、长出小苗，最终长成一棵高大的橡树；而对于玫瑰花的种子来说，有了适宜的土壤、温度、阳光、水分等条件，它就会不断成长，最终绽放出芬芳的花朵。所以，内驱力既跟孩子独特的天赋秉性有关，也与后天提供的发展环境有关。如果父母能够顺应孩子的天性，为孩子提供一个适宜的成长环境，让内驱力自然而然地发挥作用，孩子就更有可能充分发展自己的潜能，成长为真实的、成熟的自己。正如心理学家温尼科特所说:"每个人都有朝向成熟的先天倾向,只需要促进性环境的连续存在。"

然而,在后天发展的过程中,孩子天生的内驱力常常会遇到阻碍,就像一棵小树上面压上了重重的石头,它就不能自然地生长了。对孩子来说,这些阻碍可能来自家庭不恰当的教养方式,也可能来自学校的过度压力,或者来自社会环境所施加的不利因素。当孩子天然的学习内驱力遭到破坏,其主要表现就是学习动力降低,孩子不想学习了。要想帮孩子重新找回心理动力,我们就需要搬开压在小树上面的石头,为孩子提供更加符合天性、安全、有爱、稳定、可信赖的成长环境。

对于青春期孩子来说,当他们在学习中遭遇迷茫,学习动力降低的时候,我们除了帮助他们挪开阻碍内驱力的石头,还需要考虑他们特殊的心理特点。这个阶段的孩子正处于寻求自我同一性的关键阶段,他们会思考学习的意义是什么,人生的意义是什么等问题。在这个过程中,他们可能会经历迷茫、困惑,甚至痛苦。所以,要帮助青春期孩子重新找回学习动力,我们还需要理解他们的心理世界,为他们提供有的放矢的支持。

在这一部分,我们精选了关于孩子学习问题的若干案例,针对孩子不愿意写作业、缺乏学习动力、厌学等问题,心理专家提供了专业、具体、可操作的解决方案和建议。在对每个案例进行抽丝剥茧的分析过程中,我们会看到,孩子愿意主动学习,是很多因素共同作用的结果。除了孩子自身对学习的渴望,对未知事物的兴趣和好奇心，以及孩子的学习能力等因素外，家庭的环境和氛围、亲子关系的紧密程度，以及学校老师和社会因素等都会产生重要的影响。每个孩子都是不同的，我们需要关注孩子个体的发展，分析孩子的具体情况，并给予个体化的关注和理解。希望通过这些真实的案例呈现，父母能收获科学、专业的教育理念，以及有效支持孩子的方法，从而更有信心和能力帮助孩子重新爱上学习，并最终成长为最好的自己。

耐心守护，
孩子终会找到方向

案例描述 ▶

我的儿子今年 14 岁，读初二，平常会帮家里做一些力所能及的事情，但就是一放假，几乎手机不离手，有时候在聊天，有时候在玩游戏，有时候在看电影……

孩子每天看着像个正常人，但就是不学习，也不写作业，这让我非常担忧。

我想问的问题是：我应该从什么地方着手，让孩子对未来有一个方向感？

案例解析 ▶

针对孩子目前的情况，我和妈妈进一步进行了沟通，去探索和分析问题。

我问妈妈："孩子以前是怎样的？"

妈妈说:"原先有点儿糟糕,不想去学校,精神萎靡,眼睛无光。没有什么东西是他比较向往的,他几乎是零需求,这种状态是很可怕的。"

妈妈提到了一个特别的词"零需求",我问:"什么是零需求?"

妈妈说:"零需求,就是孩子没有需求,无欲无求。"

我们是不是也曾遇到过这种情况,就是不管你跟孩子说什么,都激发不起孩子的兴趣和动力,孩子总是一副无动于衷的样子。

我继续问这个妈妈:"孩子现在还是零需求吗?"

妈妈说:"他现在有欲有求,比如会员充值,洗一个月的碗,攒钱买个耳机等。孩子还跟我说,不要总是用干活来兑换东西,如果要求他做一些事情,可以直接跟他说。我很愿意听他说一些东西,我觉得在他身上也学习到了很多。他每次说的话,我都深深地去体会、去回味,就觉得他比我的水平还要高一点。孩子有一次说,是因为我现在到一定层次了,他才愿意跟我说。"

我问妈妈:"如果孩子的理想状态是 10 分,你觉得孩子过去是多少分?现在又是多少分?"

妈妈说:"过去可能是 3—4 分,现在有 7—8 分了。其实孩子挺好的,就是在学习上有一些东西不在他的兴趣点上,他跟我说只学感兴趣的。"

孩子从之前不学习到现在愿意学习自己感兴趣的,妈妈一定做了大量的工作。比如，投入了她的时间和精力，反思自己的经历，注重个人的成长，等等。

成长是我们每个人的人生主旋律。如果一个人身体上受了伤，比如骨折了，他可能就需要卧床休息，需要有康复期，慢慢疗愈。当恢复正常了，他还要注意保健，平时注重养生。心理方面的康复也是一样的。

于是我问妈妈："评估你的孩子，现在他已经度过了康复期吗？"

妈妈："是的，他现在眼睛里有光了。"

我："孩子从无欲无求不去上学，到现在你觉得已经正常了，花了多长时间？"

妈妈："差不多一年的时间。"

我："现在从康复期到孩子变得更好，你觉得需要多长时间？"

妈妈："我希望一个月或半个月，他就有一个非常大的转折，只要有转机，我就觉得很开心。"

父母往往都希望孩子能有一个快速的转变，实际上这是不现实的。就像我是一个普通人，我要去参加马拉松，肯定先要锻炼，要不然马拉松跑到 1/3 可能就坚持不住了。孩子的转变也是如此，欲速则不达，这背后需要父母日复一日的付出，需要父母不断地给到孩子推动力，需要父母接纳孩子，静待花开，最终才会实现水到渠成。

怎样让孩子有方向感？我给出了两个方向：

1. 更加耐心地守护孩子

什么叫守护孩子？就是以孩子的需求为导向。

父母关注的是如何让孩子有方向感，但是孩子的方向感其实是他自己的事，父母只要守护他，到了一定的阶段，他自己会找到方向，他会告诉你。所以父母要耐心等待，孩子有一天会来跟你探讨他的人生。

如果孩子觉得父母足够安全，也足够有能量，且知识面广，他觉得跟你沟通对他是有帮助的，那么孩子一定会愿意来找你。

2. 不断自我成长，提高自己

父母不断提高自己，才能跟孩子有更好的交流，知道可以从哪个方面跟孩子聊天，孩子也会更愿意向父母倾诉。

父母不断去自我成长，并不仅仅是为了孩子，也是因为父母自己需要成长，所以应该喜欢成长，享受成长，活出自己想要的人生。

当父母是为了自己而努力活出自己想要的样子，活出自己心满意足的人生的时候，孩子就会为了他自己去活出他的方向。

孩子不是为了任何其他人，他不是为了爸爸，不是为了妈妈，而是为了他自己。

孩子的方向是他自己的事，当资源和能量具备的时候，他最终会有一个方向的。就像树发了芽，它会向上生长，会向着阳光，向着最合适的空间去生长自己。

如果我们种了一棵树,我们会担心它往哪里长吗?会操心它应该往这边长或那边长,然后用绳子把它捆起来吗?不会。对于孩子的成长也是如此,给他足够的资源,让他成长为自己最好的样子。

同时,我们要知道,14岁,是一个青少年过往累积经历的爆发阶段。如果孩子在这个阶段有各种各样的情况,父母又没有办法应对时,一定要介入资源,必要时可以寻求专业的心理帮助。

了解科学规律，
帮孩子养成健康习惯

案例描述 ▶

我儿子上初二，我现在最发愁的是他的作息颠倒问题。几乎每个周末的早上，他都能睡到中午，每次我在他门口一边敲门，一边喊"该起床了，你都两顿没吃了"，他像没听到一样，继续睡觉。他不理我，我更着急，提高嗓门，继续在门口催："晚上不睡，早晨不起！我告诉你，你不起床就没午饭吃了！"但他根本不听，故意气我，睡到下午起床，随便应付一顿，晚上在房间玩到凌晨两三点不睡觉。我真的搞不懂，为什么上了初中后，他就晚上不睡，早上不起，像个猫头鹰一样黑白颠倒呢？

案例解析 ▶

对于青春期孩子的晚睡，可能有以下误解：

（1）把孩子晚睡理解成逆反行为，觉得孩子是为了和父母作对，故意不听父母的话，想让父母生气，才故意晚睡。

(2) 觉得青春期孩子晚睡很正常，任由孩子长期凌晨两三点睡，早上七八点喊孩子上学。

为了消除误解，我们看一下医学方面的研究和发现。

首先，青春期孩子熬夜晚睡和激素水平的变化有关。

大量有关青少年的睡眠研究表明，大脑中控制睡眠模式的系统发生了变化，这让青春期孩子感到疲惫的时间延迟了。这种机制在一定程度上是被褪黑素控制的，导致很多青春期孩子需要更长时间才能感觉到昏昏欲睡。褪黑素，也叫"黑暗激素"，大脑的松果体在太阳落山后开始释放褪黑素，告诉你："天黑了，该睡觉了。"在太阳升起时褪黑素的释放减弱，告诉你："该起床了。"

当孩子到了青春期，褪黑素的释放大约晚2个小时，生物钟紊乱，你的晚上11点相当于孩子的晚上9点，你的早上6点，相当于孩子的早上4点，所以他经常被叫作"猫头鹰"。

其次，健康的睡眠包括健康的睡眠时间、睡眠质量和规律的睡眠。

1. 睡眠时间

研究表明，如果让青春期的孩子睡到自然醒，他们的平均睡眠时间是9.5小时。大多数睡眠方面的健康专家，都认为11—17岁的孩子需要睡够9小时。由于褪黑素的延迟释放，导致孩子睡得晚，但周一到周五学校规定按时到校，早上7点必须醒来，这就导致睡眠严重不足，这也是孩子周末起得晚的原因，他们要弥补需要的睡眠时间。

长期睡眠不足会导致持续的疲惫、情绪低落、易怒、注意力不集中，也会影响孩子的记忆力，降低孩子的学习效率。因此保证充足的睡眠时间非常重要。父母可以跟孩子协商，根据早上的起床时间来确定晚上睡觉的时间，争取让每晚的睡眠时间达到8—9个小时。

2. 睡眠质量

睡眠的质要比量更重要。你可能会发现，有时候睡了很长时间，还是没睡好，这和睡眠质量有关。睡眠的质量标准应该是醒来后全身轻松、精神饱满，有充沛的精力去学习和工作。

对于高质量的睡眠来说，关键是睡觉初期的90分钟，称之为"黄金90分钟"。要提高睡眠质量，就要远离压力。如果孩子压力过大，精神紧张，就会导致睡眠质量下降。

3. 睡眠规律

要保证孩子有健康的睡眠，父母可以帮助孩子建立睡眠生物钟，形成睡眠的规律。体内的生物钟就像一只看不见的手，它控制着昼夜作息，影响着孩子的身心状态。如果孩子能够坚持良好的睡眠作息习惯，定时起床，定时休息，那么身体内的生理性物质就会自动调节，让孩子轻松入睡。相反，如果孩子经常打乱睡眠规律，比如长期熬夜，就会破坏原有的睡眠规律。

对于熬夜的孩子，想要调整生物钟，需要跟孩子商量，能否每天在同一时刻起床。如果孩子一周 7 天都是按时起床，到了晚上相应的时间孩子就会感到困倦，提前进入睡眠状态。

父母锦囊 ▶

要帮助青春期孩子养成健康的睡眠习惯，父母可以这样做：

（1）亲子关系不错的时候，和孩子友好地讨论睡眠的重要性。

（2）坚持把手机放在卧室外面充电，和孩子约定固定时间段内不再使用互联网。

（3）室内灯光调暗，促进褪黑素的分泌。

（4）如果孩子夜间入睡困难，和孩子一起努力尝试可能有助睡眠的方法。比如，白天有充足的体育运动，多晒太阳，保持卧室通风良好，温度控制在 17—20 摄氏度，保持情绪放松，睡前听舒缓的音乐，喝一杯热饮，不吃难消化的食物，睡前不做让人兴奋的活动，等等。

（5）孩子周末睡懒觉，不要批评。

对症下药，
帮孩子找回学习动力

案例描述 ▶

"作业还没有写完吗？"

"这道题不是昨天才讲过，怎么又做错了？"

"真不知道你在想些什么，这么半天了才写了两行字！"

这些对话，几乎每天都在明明（化名）家中发生。其实明明很聪明，但就是太懒了，整天就知道玩手机，不愿意学习，成绩一直都上不去。

明明妈妈为了让这个"混世魔王"能有点出息，给明明请过最好的家教，报过最好的辅导班，可是明明似乎对其他所有的事情都有兴趣，唯独对读书提不起任何兴趣，不管家长怎么打、怎么骂、怎么讲道理，他就是一点也不长进。

明明妈妈面对家里这个不催不动，成绩明显下降的孩子，又急又愁，问题到底出在哪里呢？

案例解析 ▶

有的青春期孩子不愿意学习，不愿意完成基本的学习任务，于是父母就去干预，但这种干预不仅不起作用，有时还会引起家庭冲突，真的是不提学习"母慈子孝"，一提学习"鸡飞狗跳"。

想要激发孩子学习动力，"对症下药"很关键。那么，孩子没有学习动力的原因有哪些呢？

1. 态度不积极

孩子不知道学习是为了什么，好像是为了父母而学。

首先，对于孩子而言，他们很难感受到学习和自己的关系。当孩子某一科目成绩不好时，父母比孩子还着急，给孩子报辅导班，或者自己辅导，一定要把孩子的成绩提上去。

考试结束了，最关心成绩的好像是父母，哪一科成绩提高了，哪一科成绩下降了，下降的原因是什么，该怎么处理，面对学习成绩的波动，最紧张最焦虑的往往是父母。时间长了，孩子就知道，只要自己提出来，所有事情的解决办法都是父母来想，父母来实施，学习这件事情和父母的关系好像比和自己的关系大多了，甚至学习好像就是给父母学的。

其次，对于很多孩子，他们很难感受到学习和生活之间的关系。父母有时候会说："再这样下去，成绩上不去，考不上好高中，上不了好大学，就没有好工作，看你以后靠什么生活？"当父母跟孩子强调学习改变生活的时候,孩子可能会想:"我没学习,生活不一样好好的?吃得好,穿得好。"

有些父母因为自身的成长环境比较艰苦,小时候缺衣少食,所以让孩子在物质上十分富足,实际上这是在满足过去缺衣少食的自己。而孩子没有挨过饿,没有穿过有补丁的衣服,没有干过体力活,没有通过自己的劳动赚过钱,没有因为学习不好而经历过这些,所以他们很难感受到学习和生活之间的关系。

2. 关系不稳定

与父母的关系不好,父母之间的关系不好,都会影响孩子的学习。如果孩子常常和父母赌气,发脾气或者争执、冷战,这些负面情绪会持续影响孩子的学习效率。孩子学习效率低,压力大,成绩不好,从而出现恶性循环。当父母之间的关系不好时,孩子会因为担心父母之间的关系产生焦虑,从而影响学习状态。

有些孩子与老师的关系不好,不喜欢老师,赌气放弃学习,特别是偏科的孩子,往往就是由于孩子不喜欢某个科目的老师,或者和老师之间有些矛盾,他一看到那个老师就来气,或者一翻开课本就想起那个老师上课的状态,他就没有办法对这门课平心静气地学下去。

还有的孩子与同学关系不好,和同学发生矛盾和冲突,产生负面情绪了,孩子需要拿出很大一部分精力来处理人际关系。比如,上课的时候传纸条来解释,试图挽回关系,或者想着下课怎么做才能与同学和好如初，注意力不在学习上。特别是青春期的孩子，在他们眼里，与同伴之间的关系大于跟父母、老师的关系，也大于学习。

3. 能力不够

首先，缺乏合适的学习目标。有的时候孩子目标过大，本来成绩一般，希望通过一个月的学习取得质的飞跃，这超出了他的实际能力范围，很难达成目标。当目标无法达成时，孩子体会不到成就感，反而有挫败感，久而久之更加不愿意尝试。当目标过小时，孩子很容易达成目标，但由于没有挑战性，成就感过低，甚至体会不到成就感，反而有了疲倦感，也不愿意坚持。

其次，学习方法欠缺。当孩子学业遇到困难，多次尝试之后都没有办法达成学习目标时，容易产生习得性无助，挫败感过强，导致不愿意再次尝试。

当孩子学习动力不足时，父母可以根据不同的原因，用恰当的方式和孩子沟通，提升孩子的学习动力。

1. 当孩子学习态度不积极时

当孩子感受不到学习跟自己有关时，可以通过以下两个步骤来解决：

第一步：学会放权，给孩子一定的自主空间。

当孩子学习出现困难时，让孩子自己选择解决问题的方式和方法。起初是很难的，毕竟在长期父母代劳模式之下，孩子已经养成了处处依赖的习惯，自主思考能力较弱，需要父母充当引导者的角色，启发孩子思考解决问题的方法。在这个过程中需要注意，孩子可能会经历以下阶段：

怀疑：父母真的会放权吗？我真的可以吗？这么做有帮助吗？

否认：我真的不会，我真的不是学习的料，我真的做不到。

畏难：我想不到啊，这太难了。

退缩：妈妈，这个该怎么办？爸爸，你帮帮我吧！

尝试：好像可以试试看？好像这样子可行？

再怀疑：你看，我都说我不行了，果然我不是学习的料。

稳定：这个方法是可以的，我再试试看。

自我决定：这次没有提升也没有关系，我分析看看问题出在哪里。

在不断地放权，给孩子自主空间的过程中，父母最担心的就是，如果自己放权了，孩子一动不动，这样下去不就真的"废了"吗？事实上，当父母放权后，孩子一动不动，甚至情况更糟糕，是非常正常的，这正是处于怀疑和畏难阶段的表现。只要父母坚持原则，做好引导，孩子终将度过这个阶段，走向自我决定和自主的阶段。

场 景

初二男生,平日里由妈妈一手安排自己的学习,无论是专业课还是文化课。妈妈听说学钢琴可以提升男孩子的气质,就给孩子报了钢琴班;哪一门科目比较薄弱,妈妈就安排各种各样的方式来补课。有一次考试数学成绩不理想,妈妈就托了很多关系找到一位退休在家的数学老师帮忙辅导,但收效甚微。妈妈问儿子怎么回事,儿子说:"我听不懂,我能怎么办?"

针对一贯帮助孩子解决学习麻烦的状况,要放权给孩子,妈妈可以尝试这样和孩子沟通:

"孩子,今天妈妈想和你讨论一下你的学习。首先妈妈要承认自己的错误,之前对于你的学习妈妈干预得太多了,从来没有问过你愿不愿意,喜不喜欢。"(承认错误,拉近距离)

"从今天开始,在你的学习上,学什么,怎么学,什么时间学,学到什么程度,都由你自己安排,妈妈会支持你的决定。"(将权利交还给孩子)

"当你遇到任何困难的时候,或者需要帮助、需要讨论的时候都可以来找我,我会全力支持你。"(表达对孩子的支持)

"你已经是个大孩子了,妈妈相信你可以为自己负责,妈妈永远是你的后盾,你也可以监督妈妈。"(鼓励孩子为自己负责)

"妈妈希望你能够思考一下学习的意义,你是为了什么而学习?"(引导孩子思考)

第二步:严守边界,让孩子自己承担学习的结果。

学习是孩子自己的事情,他可以选择如何学,以及学到什么程度。父母能够提供的帮助就是在孩子主动提出需要的时候,尽可能地给到孩子恰当的支持,切忌"指手画脚",边界不清晰。

父母要如何支持孩子呢?可以参考以下原则:

(1) 支持,而不是指导

当孩子提出自己的想法时,父母要做的就是支持孩子,在能力范围内无条件地支持孩子。有时候父母会忍不住提出自己的建议和想法,目的是想让孩子少走一些弯路,但这时请提醒自己,千万不要把自己的想法强加给孩子。

(2) 接受孩子犯错

我们成年人也无法做到每一个选择都是正确的,更何况是孩子呢?有些苦需要孩子自己吃,记忆才深刻,有些错误需要孩子自己经历以后才能避免,孩子终将学会为自己的人生负责,父母不可能跟随照顾孩子一辈子,所以不要担心孩子犯错,犯错是人生的必经之路。孩子犯错不可怕,犯了错被父母批评比错误本身更可怕,因为孩子为了避免批评可能还会用一个又一个错误来隐藏。父母要接受孩子犯错，犯错正是启发孩子观察、学习、总结的机会。

(3) 建立边界

孩子做出的选择有时会让父母感到不舒服，或者父母认为是浪费时间，这时父母要清楚自己的角色，在孩子需要支持的时候给予支持，需要关爱的时候给予关爱，但要牢记边界的重要性。

场 景

初一男生，总是忘记带作业去学校，每次不是妈妈送就是爸爸送，考试的时候忘记带准考证也是家常便饭，体育课忘了带东西，文化课忘了带书更是常见。孩子每次忘记带，还特别自信地和老师说："你给我爸妈打个电话，让他们送来吧！"孩子经常挂在嘴边的话也是："这个我去问问我妈。"

面对这样的情况，父母可以尝试这样跟孩子沟通：

"孩子，以后你再忘记带东西，妈妈/爸爸不会再给你送了。学习是你自己的事情，带书、带作业也是作为学生的工作，你可以自己想办法解决。"（先行告知，说明底线，将孩子的事情还给孩子）

和老师沟通："以后如果孩子再忘记带东西，请您严格要求，让孩子慢慢学会承担相应的行为后果。"（提前和老师沟通，行为上严

守边界)

当孩子感受不到学习和生活的关系时,可以通过以下方式来解决:

给孩子创造体验生活的机会,送快递、送外卖、打零工、摆摊、工厂实践、做农活等都是可以体验生活的活动。父母可能会遇到两个方面的困扰:

(1) 孩子不肯去,无法开始

生活是辛苦的,其实孩子心里都知道,孩子更知道的是父母舍不得让自己吃苦,这是家庭氛围所带来的结果。那么此时,想让孩子真的开始体验生活,就需要"狠心"一些了。

(2) 体验深度不够,很快叫停

孩子辛苦了一天回来,跟父母说:"爸爸、妈妈,我知道工作的辛苦,以后我一定好好学习。"孩子是真的体验到生活和学习的关系了吗?并不是,最多是体会到了工作确实很不容易,很辛苦,只是希望能够尽快地摆脱这种辛苦,此时叫停不仅起不到作用,反而会让孩子更确认,父母是舍不得让自己吃苦的,有父母做后盾,还怕什么?

让孩子体验生活的核心意义,是希望孩子理解学习对于未来生活具有正向作用,认真努力地学习,在生活上的灵活度和可选度更高。那么父母就一定要适当地启发孩子,例如孩子送了一天外卖,回来就可以和孩子讨论有多少收入,有多少支出,跑了多少千米的路，用了多少时间，计算每小时的净收入是多少，有哪些做得不好的地方，哪些可以提升的地方，等等。这些虽然和数理化没什么关系，但是对于孩子的逻辑能力、运算能力、规划能力都是一种锻炼，同时也可以更好地强调，学习到的知识越多，越能够轻松地应对很多事情。

场 景

15岁女孩，暑假后升初三，期末考试的时候成绩下滑得十分厉害。爸爸专职送外卖，妈妈一边工作一边照顾女孩。女孩放假之后每天沉迷于手机游戏，吃饭的时候都需要妈妈送到手边，晚上洗澡需要妈妈再三强调，才磨磨蹭蹭地过去，从来不做家务。该怎么办呢？

父母可以和孩子这样沟通：

"孩子，今天妈妈要非常正式地和你谈一下，如果你心思确实不在学习上，我们也不再逼你了。催你学习也是为了你将来可以独立生活，但看你实在不爱学习。你也可以选择不学习，咱家就这情况，将来不可能管你一辈子。"（正式谈话，告诉底线，不会管一辈子）

"从明天开始，你跟爸爸去送外卖，如果真的有生存能力，能独立生活，妈妈觉得也可以接受。"（给到方式以及开始的时间）

"现在不是你想学习,你就可以学习的。你还是认真送外卖吧!"(孩子短时间内表示一定会好好学习时,需要考虑孩子的感受是否深刻)

"你确定要努力学习了吗?你要是不能用实际行动证明你在认真学习,或每天认真完成学习任务,那抱歉你还是去工作吧。你需要用自己的努力证明学习是你的事情,你才有学习的机会,而不是再像以前一样,你能做到吗?"(孩子再次强烈表示一定会认真学习)

2. 当关系不稳定和能力不充分时

父母和孩子沟通时可以按照以下三步进行:

第一步,共通情绪。

当孩子的考试结果差强人意的时候,内心会感受到极大的挫败感,不管孩子的外在表现是什么样子的,比如,有的孩子会表现得满不在乎,甚至以此为荣。但我们要知道,对于任何一个孩子来说,都希望自己能够取得优异的成绩,能够被父母和老师夸奖,那么孩子此时的挫败感是十分强烈的,所以需要父母先安抚孩子的情绪。父母可以分享曾经求学的经历给孩子,让孩子获得情感的共鸣,这个经历可以是自己的,也可以是孩子信任的其他人的。

第二步,确定目标与方法。

确定目标时我们可以参照"一小三有"的原则。

"一小"主要指目标要小,小到可能只有一个章节,目标太大容易让人无从下手。目标越小,越具体,越容易执行,对孩子来说难度也就越低，也越容易帮助孩子建立起自信心。例如，一次考试数学、语文、物理都没有考好，设定目标时可以先放在其中一门科目上，比如放在物理上，可以再进一步确认是哪一个章节没有学好，将目标再集中在具体章节中处理。

"三有"主要指有时间、有验证、有方法。设定目标之后，要将完成目标的时间分配得更加具体，是一天、一周还是一个月？时间节点内需要完成的内容是什么？有验证指的是如何验证自己是否达成了目标，不管是通过考试，还是通过测评的正确率等，都是验证目标是否达成的方法。有方法指的是为了达成目标，是自己学习，还是通过和同学之间互相交流，或者是寻求老师的帮助。

第三步，巩固坚持。

在孩子执行目标计划时，有时候很容易放弃，或者坚持了几天但是没有看到效果，因此非常重要的就是及时给予孩子鼓励，帮助孩子能够坚持下去。特别是孩子刚刚开始起步的时候，如果没有办法建立自信心，那么就无法坚持下去，甚至会觉得自己做什么事情都做不到，这就是习得性无助。长期的习得性无助会让孩子充满自卑感，无法应对未来的挑战。通过鼓励孩子，帮助孩子建立自信心，坚持下去，等待收获，是父母在这个阶段很重要的任务。

场 景

一次期末考试孩子没有考好,回到家中一直把自己关在房间里不肯出来,隐约还传出了摔东西的声音。

父母可以这样和孩子沟通:

"孩子,妈妈给你讲一个以前我上学的故事吧。我初中的时候也有过这么一次考试,成绩考得特别差,那个时候我也特别慌,特别着急,觉得自己一塌糊涂,人生从此就完了,没希望了,我可咋办?但是实际上,后来我的成绩不仅没有继续下滑,反而有了很大的提升。"(第一步,共通情绪)

"我有一个特别好的老师,教给我一套特别好的方法,我用了这个方法,在三个月之后成功逆袭,这个方法你要不要听一下?"(第二步,确定目标与方法)

第三步就要在生活中实际应用,及时给予孩子肯定,帮助孩子建立自信心。

给予心理营养，
打破学习不积极的魔咒

案例描述 ▶

晚饭后，妈妈见女儿倩倩（化名）还没写作业，心想："这会儿该写作业了，怎么还躺着玩手机？"半小时过去了，妈妈已经把碗洗了，厨房也收拾得干干净净，出来见倩倩还躺在客厅沙发上玩手机，没有一点儿要写作业的意思。妈妈火气上头，准备唠叨斥责一顿，但强行忍住了。她想起上次因为作业而爆发的家庭大战，又想到女儿已经上初二了，进入了青春期，所以好言好语地问了一句："倩倩，你在干什么呢？"倩倩头也不抬，继续在手机上和同学聊天，还咯咯地笑。

眼看一小时又过去了，妈妈所剩无几的耐心消磨完了，虽然她不敢唠叨，但好像不说几句，就代表她对女儿的学习不负责任。她吸了一口气，憋住的火再也忍不住了，很有分寸感地提高了说话的音量，对女儿说："你怎么回事？你还写作业吗？你看看几点了？"倩倩和同学聊得正开心，丝毫没注意到妈妈的情绪升级了，更没理会妈妈苦口婆心的提醒。

这下好了，骆驼上最后一根稻草压下来了，妈妈终于爆发了，开启吼叫模式："你听到我说话了吗？我让你做作业！你听到了吗！！！这么晚了还不写，你要熬到凌晨一两点吗？明早上学又得迟到，怎么喊都不起来，你到底写不写作业，你看看现在几点了……"

案例解析 ▶

面对青春期的孩子，你是不是和倩倩妈妈一样，看到孩子写作业不积极，心真累。你想催，但害怕孩子说你啰唆、唠叨、嫌你烦，或者爆发一场家庭大战，以后孩子再也不出房门，不想和你说话了。养育青春期孩子，最大的累，不是体力的累，是说了也无效的心累。

当孩子写作业不积极，父母感到心累时，父母需要先安抚自己的情绪，再解决问题。怎么安抚自己的情绪？父母可以在心中默念"放过孩子，放过自己，让我先躺平一会儿"，这样默念几遍，让自己先冷静下来。等情绪平稳下来后，父母就有力量回归现实，认真思考一个问题：为什么孩子写作业不积极？

当父母把孩子写作业不积极，解释成"他就是故意和我作对""他就是懒惰、不上进"，父母说的话、做的事就变成了对抗，孩子感受不到支持，最终变成父母和孩子互相较劲，而最后的结果就是：沟通无效，父母心累，孩子也心累，双方的情绪状态陷入恶性循环。

孩子写作业不积极的原因

父母心中的原因	孩子心中的原因
他就是故意和我作对	我想按照自己的方式写作业
他就是懒惰、不上进	我想放松
他彻底破罐子破摔了	很多题目不会做，我不知道从何下手
他没有理想，没有追求	我不知道写作业的意义
他就是故意拖延时间	时间不够了，我早点开始写就好了
他没有学习动力	做作业提不起我的兴趣

那么，怎么打破恶性循环的魔咒呢？

父母不如把每天都要面对的"作业大战"，当成刻意练习的机会，练习怎么给青春期孩子输入最渴望的三种心理营养：自主感，安全感，成就感。

1. 自主感

学习是孩子的事，不是父母的事，尤其是青春期的孩子。如果他都不能决定写作业的自由，父母越催他，他越磨蹭，把所有的力气都拿来和父母较劲，更谈不上他有精力思考复杂的数学题怎么解。青春期孩子写作业的自主感怎么获得呢？让他自己有权决定写什么作业，他决定在哪里写作业，他决定在什么时间写完，他决定完成以后可以做什么。

你可能会问：他想几点写就几点写，万一作业没写完，学校老师批评怎么办？

孩子在青春期最重要的一个本领，就是学会自己选择，自己承担结果。父母需要让孩子体会到："我写不完作业，第一责任人是我，因为老师找的是我，不是找我妈。"慢慢地，他才会觉得作业是自己的事情。但对于一直依赖父母提醒的孩子，我们不要突然放手，什么都不管了，孩子可能会着急，所以可以先问问孩子，是否需要父母提醒，提醒几次等。

破坏 / 支持自主感的行为

破坏自主感的做法	支持自主感的做法
"说好8点写作业，你怎么还不去？"	"你想几点开始写作业？"
"你一个小时怎么写这么点作业？"	"你需要帮助吗？"
"你出来，来客厅写作业。"	"你可以在卧室写,也可以在客厅写。"
"你先把简单的作业写了，再写难的。"	"你想先做简单的，还是先做有难度的？"
"作业写完，你把我买的黄冈密卷做一套。"	"作业写完，你就可以做你喜欢的事情。"
孩子写作业的过程，你不断偷瞄监督	孩子写作业的过程，你不去偷瞄监督
你做好时间计划表，要求孩子执行	你让孩子决定，是否制订时间计划
监督过程	监督结果

2. 安全感

很多父母见不得孩子玩，看到孩子做一些和学习无关的事情就会特别焦虑。还没等孩子把作业写完，他们就会提前给孩子安排其他学习任务，这样会导致孩子无限拖延，因为拖到最后就顺理成章地完不成任务了。还有父母单方面撕毁之前的约定，随意惩罚孩子，或做出一些极端行为。比如，孩子不写作业，父母扇自己耳光或跪在地上求孩子，这些都会破坏孩子的安全感，让孩子心里产生恐惧感。

3. 成就感

对青春期孩子来说，最大的成就感是奖励自由，父母不要过度地控制。孩子完成自己的任务，能去安心做自己喜欢做的事情，这是特别大的一个成就感。如果以前你经常催孩子，现在决定改变自己的行为，可以尝试这样沟通："你是大孩子了，之前妈妈不够信任你，总是催你写作业，结果大家都不开心。妈妈相信，你能管理好自己的作业，不管你怎么完成，用什么方式，相信你有自己的办法。如果你需要帮助，我随时都在。"

破除"习得性无助",
让孩子重新爱上学习

案例描述 ▶

男孩,13岁,上初一,小时候还挺爱学习,但是最近上初中之后,越来越厌学,放学不写作业,每天浑浑噩噩,对学习根本没有任何兴趣。那么,怎么样才能激发孩子的学习兴趣,让孩子真正爱上学习呢?

案例解析 ▶

孩子天生都有好奇心,他们天生爱学习。只不过是在后天的环境中,父母没有保护好孩子的好奇心,破坏了孩子的求知欲望。那么父母是如何破坏孩子的学习动力的呢?主要表现在以下两个方面:

第一，错误的教育方式。

（1）总是"挑刺"

有些父母属于"挑刺型"，总是对孩子不满意。比如，当孩子写作业时，总是站在孩子身边，一会儿说孩子没坐直，一会儿说字写得不工整，一会儿又说孩子速度太慢了……总之，在旁边不停地指手画脚。这种行为会导致孩子以后每次写作业都能想到父母的批评和指责，内心充满挫败感。为了逃离这种挫败感，他们会越来越不愿意写作业。

（2）语言暴力

当孩子表现得不尽人意时，有些父母就会使用语言暴力来羞辱孩子，期望通过这种方式让孩子意识到自己的不足，从而激励孩子。比如："你怎么这么笨！""真是烂泥扶不上墙！""我怎么生出你这个笨蛋！"等。父母这样做不仅没有任何作用，反而会对孩子的成长产生不利的影响。因为这种辱骂的方式已经上升到对孩子的人格攻击，这会深深地伤害孩子的自尊心，让孩子觉得自己是没有价值的，更没有信心把学习搞好了。

（3）太注重成绩，忽视心理发展

很多父母会发现，孩子小时候很乖，到了青春期就不想学习了，还专门与家长作对。这是因为孩子进入青春期之后，他们体内激素增多，第二性别特征显现，体内有大量的能量需要释放，他们需要去做一些户外运动。但是因为这个阶段也是他们学习的关键期，他们必须待在教室里好好学习，即使放假了，也会有成堆的作业需要完成，几乎没有时间进行户外活动。因此，他们的内心是压抑的。

这个时候，如果父母还严格要求他们必须待在屋子里学习，那么很容易激起他们的反抗心理。他们要与父母"争夺权力"，要告诉父母自己的时间要自己来安排，尽管他们内心也不是很讨厌学习，但是为了"争夺权力"，他们会故意做其他事情而不去学习，比如玩手机、睡觉、聊天等。

第二，不良的家庭氛围。

家庭是孩子成长的主要环境，对孩子的影响也是深远而持久的。无论是父母的夫妻关系还是亲子关系，都会影响孩子的学习意愿。曾经接触过这样一个案例：父母在孩子初二的时候就离婚了，但是害怕影响孩子学习，一直就假装爸爸去外地出差了，偶尔回来一次装装样子。直到孩子在高二时偶然间发现父母已经离婚了。孩子根本就接受不了，他发现自己最信任的父母都欺骗自己，而且欺骗这么久，整个人信念都崩塌了，后来这个孩子就抑郁了，更别提去学习了。

有的父母可能会发现，自己并没有做出类似破坏孩子学习动机的行为，但是孩子还是不爱学习，这是为什么呢？这里有两点原因。

第一，孩子在学习中没有获得成就感。

根据心理学家塞利格曼的"习得性无助"理论，一个人如果总是在一件事情上失败，那么他就会放弃努力。如果孩子在学习上总是不能取得自己想要的成绩，那么经过多次尝试之后，孩子就有可能会放弃，进而产生厌学情绪。

这类孩子的问题，很可能是学习方法不当导致的。父母要结合孩子的学习特点，给孩子制定合适的目标，目标不宜太高。然后每天晚上坚持用"费曼学习法"，让孩子把在学校学习的内容用自己的话讲述出来，加深对知识的理解。也可以利用"艾宾浩斯记忆法"，坚持每天、每星期、每个月把所学的知识复习一遍，夯实基础。

第二，孩子受到了人际困扰。

学校也是一个生态环境，孩子如果在学校被欺凌、被同伴孤立，自然就不想去学校，产生厌学情绪。也有的孩子可能因为被老师冤枉过，或纯粹因为不喜欢某位老师而讨厌某门课程，产生厌学情绪。针对以上情况，父母要从孩子、老师、同学等多角度去了解事实，有必要的话，可以给孩子做心理咨询或者转学。

寻根溯源，
帮孩子走出厌学

案例描述 ▶

有很多父母问我：我们家孩子学习成绩下降、厌学了、不想去上学，怎么办？

我们先来看一下这些案例：

案例一：男孩，14岁，现在讨厌学习，讨厌作业。之前父母一直都想把孩子培养成学霸，盯着学习不放，陪写作业，改错、讲题到深夜，真的很累。

案例二：男孩，12岁，一直以来上课注意力不集中，课后作业拖拉；生活中没有逻辑性，丢三落四；胆小、怕黑，晚上不敢出门。六年级上学期还能听进去父母的话，六年级下学期开始顶撞老师、家长；暑假期间，沉迷手机，开始厌学。现在开学第一天就不愿上学，非要转学，现在的状态就是找机会在学校犯个错误，借机被学校开除……

案例三：女孩，初一，父母陪读，由于对孩子的生活过度安排和控制，使得孩子很少有自主思考的机会。父母在学习上死拖硬拽，孩子现在失去了学习兴趣。上了初中后，孩子的成绩一路下降，最近迷上了手机……

案例解析 ▶

这些案例中孩子都有了轻度厌学的表现，轻度厌学跟重度厌学相比，最主要的特点是：时间比较短；症状没有那么明显，即便是明显，时间也没有那么长。

轻度厌学的表现有以下几个方面：

第一，表现在作业上，不愿意写，写得慢，磨蹭。这个时候不是孩子懒，不是孩子有问题，而是他内在已经有厌学心理了。厌学实际上是一种情绪，是一看到学习，内心就生出一种深深的厌恶。父母可能会注意到，有时候孩子不愿意写作业，却说自己已经写完了。

第二，沉迷手机，沉迷游戏。在学习上表现不好的孩子，或者压力太大的孩子，可能会用手机来转移自己的痛苦。比如，成绩突然下降了，孩子受挫，就会用玩手机这样的方式来处理自己的痛苦和难受，在这个过程中，孩子可能会沉迷手机。

还有一些学习比较好的孩子，确实是压力太大了，孩子的意志力已经用完了，回到家里就想用手机放松一下。如果父母没有给孩子安排丰富多彩的活动，孩子也很容易沉迷手机。不管孩子学习好与不好，都可能会发生沉迷手机的情况。

第三，学习成绩开始明显下降。如果老师打来电话说孩子现在上课有明显的问题，成绩有明显的下降，家长就要留意了。

第四，孩子明确告诉父母自己不想上学了。一开始孩子会找理由，比如"我今天难受、不舒服，我就想请假"。他会找一些小理由，能不去学校尽可能不去。实际上，如果父母稍微敏感一点儿，多观察一下，就会发现孩子可能是当天上午有考试，或者是老师检查前一天的作业，但他没做，他需要应对这个压力，但又应对不了，于是就开始不想去上学。

第五，有明显的躯体化表现。孩子一上学就情绪很低落，很痛苦，到了学校门口，孩子就开始肚子疼、腿疼、拉肚子，会有各种各样的躯体症状，甚至身体会自动来配合他，不让他去上学，这就是心理问题躯体化的呈现。

如果孩子告诉妈妈，自己就不想上学了，想放弃。这个时候实际上症状已经比较严重了。为什么会严重？这往往跟父母的忽视有关，父母认为症状无所谓，每一堂课都不能落下，要求孩子必须去上课。父母过度忽视这件事情，没有把它跟孩子的一些经历联系在一起。父母要去想一下，孩子经历了什么？厌学的情绪到底是从哪里来的？

孩子轻度厌学的原因包括以下几个方面：

1. 同学压力

如果孩子刚转学，或者来到了一个新的班级，刚开始孩子不知道怎么跟别人沟通互动，有可能被别人嫌弃或者欺负，这样孩子是没有那么多精力去学习的，甚至他不是厌学，他是厌学校、厌同学。他害怕同学给自己带来的压力，比如欺负自己，看不上自己，侮辱自己，甚至有霸凌、打骂、要零钱等行为。

另外，同学之间不和，孩子受不了，压力就出现了，所以他上课也没有办法去集中注意力听讲。万一课上出丑，遭到其他同学的嘲笑，孩子就会更加难过。为了减少类似的事情发生，孩子就不断地退缩，退到家里自然就不去上学了。这种不上学和讨厌学习还真不是一回事。

有一个男孩，上初一的时候，班级的同学欺负他，问他要零钱。妈妈长时间在外地出差，爸爸工作也非常忙，很少照顾他。他跟姥姥在一起，大概一年半的时间里，他不敢去跟别人诉说这件事，学习成绩直线下滑。妈妈回来后埋怨爸爸不管孩子，爸爸又对孩子拳脚相加，孩子就觉得谁都不理解他，压力非常大，这种情况下他很难把自己的能量放到学习上。

2. 老师压力

当老师批评孩子的时候，孩子可能会接受不了，感到难受、伤心。个别老师还可能嘲讽孩子，这会让孩子感觉到没有被尊重，从而不爱学这个老师所教的科目。如果是班主任，往往对孩子影响更大，孩子有可能连学校都不想去了。

当孩子面对老师这方面压力的时候，父母是否了解呢？有没有帮助孩子？有没有跟孩子聊一聊老师是怎么说的？孩子跟老师是怎么沟通的？有没有帮孩子疏导情绪？

所以，重要的是父母真正为孩子提供支持，帮助孩子应对压力。

3. 能力不足

孩子在学习上能力不足，缺乏学习方法。比如，孩子不懂某道题，不愿意去问老师或同学，更不愿意跟父母说。有的父母可能会说，"这道题这么简单都不会，你怎么回事？不懂不知道去问问老师吗？"很多时候，越是这类孩子，他越不好意思去问老师，但他自己又解不出来，孩子就会感觉自己很失败。

4. 学习意愿不足

孩子为什么会意愿不足？因为在过往的学习过程中，他没有什么好的感觉，而且他感觉自己是为了妈妈而学，他不知道学习的意义是什么，所以他的意愿不足。如果孩子感觉自己一直为妈妈而学，到了初中叛逆，他可能会说"我就不想给你学了"。这种情况，实际上是由于孩子在学习上缺乏自主权。

5. 父母的无效沟通

当孩子表现不好的时候，父母可能批评、指责、打骂，导致孩子开始不写作业，沉迷游戏，成绩下降，不想上学。如果父母、家庭以及学校、老师、同学给孩子提供一个促进性的环境，孩子的学习成绩自然就会稳定或者上升。如果孩子生活在一个负性的环境中，就很有可能在学习上出现消极的情绪。当孩子出现厌学情绪，父母要想一想，自己的家庭有没有给孩子提供促进性的环境呢？

如何帮助孩子解决厌学问题呢？

1. 针对同学压力的建议

面对同学的压力，孩子可能会产生一些负面的想法，认为同学针对自己，觉得同学认为他不好，都在笑话他。

如果父母早期对孩子的批评比较多，孩子就容易心理脆弱，害怕同学看不起他，担心别人的评价。父母要做的是：

第一，帮助孩子疏导情绪。让孩子把担心、害怕的情绪表达出来，释放出来。当情绪被表达和释放出来，孩子就能慢慢地走出负面情绪。

第二，帮助孩子还原真相。孩子认为同学对自己有负面看法，这可能并不是现实。父母要帮助孩子还原真相，帮助孩子改变"以偏概全"的不合理认知。父母要让孩子意识到，即使极个别同学有这种想法，但孩子只要做好自己就可以了。同时父母要给孩子赋能，教会孩子怎么去与同学互动。

2. 针对老师压力的建议

如果是老师给的压力，孩子确实没有能力处理。父母要给孩子提供支持，帮助孩子应对压力，具体来说可以这样做：

第一，做好家校沟通。父母应该第一时间跟老师或者学校沟通，了解事实到底是什么。

比如，可以和老师沟通："最近我们家孩子确实厌学，可能是过去我的教育模式没那么好，所以可否请老师给一个学期的时间，我们稍微调整一下，也请老师减少课上对孩子的批评。"

曾经有位家长就跟我分享过，他家孩子在初一开学的时候遇到一些困扰，孩子的学习成绩很差，排名在班级倒数。父母就给老师写了一封信，告诉老师孩子有什么样的优点和缺点，这段时间愿意跟老师共同去解决孩子的问题，所以希望老师给一点儿空间。

如果父母能给老师写一封信，发一段信息，或进行面对面的沟通，就可以跟老师有更好的互相理解与合作，帮助孩子减少压力。

第二，给孩子提供学习上的帮助。如果父母和老师多次沟通无效，就要帮助孩子找到对学科的学习兴趣，让孩子不因为老师而厌恶某一学科。在这个时候，父母不要要求孩子一定要学习好，不需要让孩子证明给老师看，只需要让孩子把焦点放到自己身上就可以了。

第三，帮助孩子学会跟权威互动。如果孩子跟家里的权威沟通不畅，有可能到了学校，他也不知道怎么跟权威沟通。所以父母不仅要教会孩子怎么跟同学沟通，也要教会孩子怎么跟老师沟通。

3. 针对学习能力不足的建议

有些孩子上课确实听不懂，有时候课上不专心，课下准备不足，作业做得不好，练习也没做。还有一些孩子是方法不对，他完全不知道应该怎么背诵，计划性也不够。这种情况下要怎么办呢？

第一，适当有效的陪伴。听一听孩子的倾诉，问题到底出在哪里？找到问题的核心是什么，是没有背，没有看？还是记不下来？还是方法不够？这时候，父母能做的就是陪伴孩子，帮助孩子找到有效的学习方法。

第二，因材施教。父母最好了解孩子的性格特质，根据孩子的性格特质，因材施教，帮助孩子找到适合他的学习方式和节奏。如果花一段时间，比如1—2个月，孩子找到了合适的学习方式，他可能就会对学习有兴趣，慢慢地回到正轨。随着孩子状态的好转，他的自我效能感也会提升。

4. 针对学习意愿不足的建议

第一，增加学习乐趣。孩子有可能是被逼无奈，必须得学，也有可能是对单科失去了兴趣。比如说，有的孩子不喜欢历史，可以先让孩子看一些历史漫画，从他有兴趣的部分着手，增加他学习的兴趣和乐趣。

父母也可以跟孩子聊一聊他对这一科目的看法，而不是把自己的想法强加给孩子。如果孩子开始有了一点儿兴趣，他就会有一些收获。一旦有了收获，孩子就会产生积极的情绪，就会愿意再多投入一些。

第二，辅助孩子总结。父母要给孩子适当的鼓励，看到孩子积极的方面，同时帮助孩子做一些阶段性总结。

第三，循序渐进地改变。如果孩子有很多科目成绩都不太好，可以先找一个孩子没有那么厌烦的科目，针对这一科目下功夫。一旦一个科目突破了，孩子就有了赢的体验。接下来孩子学习其他课程时，就慢慢地有了信心。

5. 针对父母沟通方面的建议

一些父母把孩子逼得太紧了，目标太高了，计划太密了，孩子喘不过气来，怎么办呢？只有父母先改变，降低目标，减少给孩子的压力，情绪走向稳定，计划适当，孩子才有可能听进去父母的建议。

父母如何帮助孩子走出厌学情绪呢？

第一，改变教养模式。

父母要建立科学、平等、协作、赋能的教养模式。针对不同的教养模式，我们要注意以下几点：

保姆型父母，不要管得太多，不要什么都代劳，让孩子该刷碗刷碗，该学习学习。

管家型父母，往往管得太细了，看得太严了，计划太多了，逼得太紧了，所以要学会抓大放小。

霸王型父母，要管理好自己的情绪，别发飙。实际上父母批评指责孩子，孩子的厌学情绪会更加强烈，他就更不想去学校了，甚至他可能用不去学校来跟父母对抗，用厌学成为对抗的砝码，而且还可能沉迷游戏。

疏离型父母，常年都不在家，需要给孩子关心和有效的陪伴，才能让孩子走出厌学情绪。

第二，情绪疏导。

让孩子把情绪表达出来，不管他表达的是什么情绪，父母都应该抱以接纳的态度，让他哭，让他闹，让他表达，父母就在旁边提供促进性的环境，安抚他，共情他即可。

父母要做好自我调节，不要一看孩子厌学了，成绩不好，就着急，这样就很容易把自己的焦虑、压力情绪传递给孩子。父母要管理好自己的情绪，孩子厌学的时候，要表现出轻松的状态。父母也要有开放的状态，跟孩子去聊，不要有那么多负面判断，这样才能真正支持到孩子。

第三，有效沟通。

跟孩子所有的沟通，包括学习方面，父母都要像朋友一样，跟孩子平等地去聊，而不要把自己变成孩子的领导。父母越平等，孩子越容易把自己的内心话讲给父母听。

在平等沟通的过程中，还要注意分清界限。在孩子的学习上，孩子是主体，父母是辅助者和支持者。如果父母要辅助孩子的学习，需要有界限。父母不要总是说，"你给我去学，你要听我的计划"，这样的沟通是无效的。

第四，寻找外援。

如果孩子大一点儿，他能听得进去大哥哥大姐姐的一些话，而且恰好他有表哥表姐学习成绩不错，也知道怎么跟孩子聊天，就把大哥哥大姐姐请来跟他聊聊。

如果孩子有一些榜样，特别是十三四岁的孩子，对周围的一些长辈非常认同，这些长辈也可以很好地引导孩子。

如果有一些孩子喜欢的老师，能适当鼓励孩子，这对孩子的成长也会非常有帮助。

另外，如果孩子已经重度厌学了，需要给孩子寻找心理方面的老师，帮助孩子做出转变。

兴趣替代法，
帮助孩子发现内心力量

案例描述 ▶

我儿子14岁，他已经不上学了，每天在家里玩游戏，黑白颠倒，情绪一点就着。我尤其不能跟他提学习，比如，我跟他说："你要上学呀，你天天在家待着，将来怎么办呢？你看别人都上学了，你就这么在家待着不行啊。"只要我一提这些，他的情绪马上就爆发了，开始砸家里的各种东西，砸完了东西，开始动手打我。我和孩子爸爸带他去医院看了，孩子可能是双相情感障碍。

我知道孩子这样，和我自己有关。我是全职家庭主妇，每天带娃情绪也不稳定，容易大喊大叫。儿子小时候我对他要求就很高，管得比较严。他做得好，我不说什么；一旦做得不好，我情绪就容易失控，不是骂就是打。我小时候家教也很严格，我不听话也被打，但我被爸妈打完后，我就乖乖听话了。但不知道为什么，我现在无论是讨好、打骂，或者好好讲道理，对我的孩子都不管用。平时孩子爸爸工作很忙，全家靠他挣钱养家，他脾气比较温和。虽说爸爸对孩子不打也不骂，但不管也不陪。我想知道，现在这个情况，我该做什么才能让我儿子正常上学?

案例解析 ▶

对于这个案例中的孩子,可以用兴趣替代法,培养孩子对真实世界的兴趣。我们跟孩子沟通的时候,首先要聊他的兴趣爱好或特长,以及心理状态,然后再聊学习和手机问题,这样孩子才可能听得进去。可以问问孩子:"如果你不玩游戏,你觉得你会做什么?"

在这个案例中,我就问孩子的父母:"孩子有什么兴趣爱好吗?"我们要从孩子感兴趣的事情出发,帮孩子寻找内心的力量感。

妈妈说:"数学是他的特长吧。"爸爸想了好一会儿,说:"我们家孩子内向老实,没什么兴趣爱好。"我鼓励爸爸再想一想,除了学习,孩子喜欢做什么事?爸爸突然想起来了,自从孩子不上学之后,他突然对军用品特别感兴趣。孩子喜欢上网买军用帐篷、军用睡袋、压缩饼干、军用小铲等。每次和妈妈吵完架,他就在客厅里把军用帐篷支上,因为卧室支不开,他就只能在客厅支开。然后他就带上他的睡袋、压缩饼干,钻到帐篷里待几天。

孩子被诊断为双相情感障碍,这是一种躁郁的状态。什么是躁郁呢?简单来讲,就是高涨的狂躁和低落的抑郁情绪交替出现。躁狂发作时他就打妈妈,抑郁了他就躲在帐篷里疗伤。他为什么要躲进帐篷呢?他想离家出走,想逃离父母,因为这个家对他来说是痛苦的。但是他才上初二,他能逃到哪儿去呢?他无路可逃。所以他找了一个替代行为，在家里搭帐篷，表达他内心对家庭的逃离。

因为我自己有一点儿户外运动的经验，我就帮他们家制订了一个策略："你们就别在家里搭帐篷了，出去搭。你们自己买吊床、帐篷、睡袋等户外设备，最好是徒步、攀岩、速降等，总之是运动加晒太阳。"

我跟孩子的父母说："记住，第一，不谈学习。因为孩子的心理能量没出来，所以这个时候你让他学习，只会增加他的压力。第二，跟孩子沟通的事交给爸爸。因为爸爸没有伤到孩子，孩子还愿意跟爸爸沟通。孩子跟妈妈已经不能交流了，爸爸就负责和孩子聊天。爸爸周一到周五去上班，周六周日无论如何，必须得腾出两天时间来陪孩子。爸爸就跟孩子说，下周咱们去哪儿，爸爸来定。爸爸定了地方之后，让孩子上网去查有什么景点、美食、网红打卡地等。也就是说，把任务交给孩子，孩子来制订具体计划，爸爸妈妈帮助补充和完善，但是以孩子为主。"

带着孩子去户外玩，这些是学习吗？学习可不只是书本，这些全是学习。孩子要学会上网搜集信息、整理信息、制订计划等，看上去不提学习，实际上都是学习。我跟孩子妈妈说："你就打外围，负责拍照摄像，玩完回家后，你把这些照片素材给孩子，鼓励孩子编辑短视频。"

就这样一年的时间下来，孩子越来越开心，妈妈还减肥了，爸爸身体更健康了，家庭关系也正常了。原来孩子跟妈妈关系很糟糕，现在跟妈妈和好了，娘俩经常一起编辑短视频。父母绝口不提学习，耐心地陪伴孩子消化不良情绪，努力地修复内心，在此期间多次给孩子做创伤处理。

有一次他们去新疆、青海旅行，玩得特别好。回来坐在飞机上，安全带都系上了，还没起飞的时候，孩子突然来了一句："我想考军校。"这句话就是孩子释放的信号，他想学习了。你别看他不上学，他没有一天不想他的未来的，没有一天不想学习的。为什么这个时候他主动说要上学？说明孩子的心理能量够了，他有力量去面对学习，有足够的能量克服心中的恐惧了。父母当然很高兴了。紧接着孩子说："我想转学。"父母想让孩子留一级，然后从头好好学，一上来成绩就能跟上，他更有自信。

转学就是换一个环境，孩子可能在原来的校园里经历了什么，他可能恐惧老师，可能恐惧同学，换一个新的环境，从头开始，孩子心里没有那么多的压力。当孩子说想转学的时候，妈妈就着急了，赶紧回来联系我。

这一年，尤其是前半年，孩子打妈妈，然后折腾，有时候爸爸都跟他约好了，咱们这周去哪儿，到约定的时间孩子可能就不去了。每次孩子出现状况，父母就赶紧找我，我就来给他们做心理建设，鼓励他们。后来妈妈说孩子要转学，我说必须转。妈妈说不好转，现在转学可难了。我说："事在人为，办法是人想出来的，你们当地什么政策我不知道，你去想办法，如果换成我，我宁可带着孩子换个城市生活。"后来妈妈不知道用什么办法，真的给孩子转学了。

到了新的环境里，孩子因为休学一年，初二正是长身体的时候，他跟着爸爸妈妈锻炼了半年，爬山、徒步等等，结果孩子的身高长高了，运动让他整个人变得特别阳光。孩子的身体协调性也变好了，关键是孩子的组织能力、眼界、经验等各方面都变强了。到了新的环境里，孩子特别热心帮助老师，帮助同学，而且是发自内心的自带光芒的那种。同学喜欢他，老师也喜欢他。孩子在小学的时候是学霸，本来底子就好，只是上中学的时候他没有力量了，自信降低了。通过爸爸妈妈对他半年的陪伴，这个孩子各方面有了新的发展。

这个孩子开学是读高三，他现在学习状态特别好，不管多忙，他每天都坚持看《新闻联播》，关心国家大事。他现在志向非常明确，要考军事指挥专业，他就想当一个军事专家。孩子的成绩很好，身体素质也很好。

在这个案例中，我看到了父母的改变。父母带着孩子玩，在玩的过程中去学习，建立自信，修复亲子关系，并重建夫妻关系。

原来在家庭中夫妻俩是男主外，女主内，各忙各的，谁也不管谁。现在通过共同活动，通过以家庭为单位的这种互动，整个家庭关系也变好了。

父母要先让自己成长，再带动孩子一起成长。因此，当家里发生了什么事情的时候，全家一定要齐心协力去解决。

第四部分

◆ 接纳和理解,帮孩子走出情绪困境

\ 疗愈自己,是解决孩子问题的良策
\ 扩充情绪容量,更好地接纳孩子情绪
\ 学会共情,帮孩子应对同伴冲突
\ 坚守底线,帮助孩子走向独立
\ 保持内心的中正,做好孩子情绪的安全港湾
\ 以爱为舟,帮孩子重新找回生命能量
\ 直面恐惧,有效支持孩子走出抑郁
\ 有效引导,帮孩子缓解同伴交往焦虑
\ 纠正角色倒置,守护好孩子的安全感
\ 与内在小孩对话,让爱意自然流淌

你有没有发现,随着年龄的增长,孩子脸上的笑容好像在逐渐减少?尤其是孩子到了青春期,童年的单纯的快乐感觉在慢慢远离,取而代之的是越来越多的烦恼和压力,不管是学业压力、人际关系压力,还是内心的矛盾和冲突,都会让孩子产生情绪上的困扰。

作为父母,我们总是怀着一个美好愿望,就是希望孩子永远快乐,只接收生活中甘甜的一面。但在成长的过程中,孩子难免会经历很多挫折和痛苦,孩子的情绪常常会起起落落,既有丽日晴空,也有阴云笼罩,甚至会有暴风骤雨,焦虑、紧张、不安、愤怒、抑郁等各种负面情绪常常会接踵而至。从整体情况来看,目前青少年的情绪和心理问题不容忽视,《2020年国民心理健康调查报告蓝皮书》显示,我国青少年的抑郁检出率为24.6%,其中重度抑郁为7.4%,而且发病率还在不断上升。

面对青春期孩子的这些情绪问题,父母常常会感到沮丧、难过、无助,不知道该如何去应对,而孩子的情绪状态在无意识中也会唤醒我们的情绪记忆。如果我们按照本能的反应模式去对待孩子,而不能聚焦于当下发生了什么,不能及时去觉察和反思,就很有可能造成对孩子的误解,进而引发亲子隔阂和亲子冲突。

要帮助孩子走出情绪困境,父母需要给孩子提供有效的支持,其中重要的一点就是去接纳和理解孩子,去联结孩子的感受,看到孩子情绪背后的需要和渴望。处于负面情绪中的孩子,当他内心的焦虑、紧张、恐惧等感受被看见,被接纳时,他就像困在沙漠中的行人看到了水源,会感到更轻松,更能卸下情绪的重担,看到光明和希望。

要帮助孩子走出情绪困境,父母的有效陪伴很重要。以色列哲学家马丁·布伯说:"在场,就是一个人可以给予另一个人最珍贵的礼物。如果那个时候,他选择蹲在阴影里,我们也陪着他蹲在那里,全身心,每一个呼吸都和他在一起。"当父母能耐心地陪伴孩子,去倾听和共情孩子,不评判、不说教,鼓励孩子分享和表达自己的情绪和想法,孩子的情绪困扰就会慢慢得到缓解,心灵也会慢慢获得疗愈。

在这一部分,我们精选了关于青春期孩子情绪问题的若干案例,针对孩子脾气暴躁、同伴交往焦虑、抑郁等问题,从多个层面、多个维度对情绪问题进行了剖析,指出了家长在家庭教育中存在的一些误区,并提出了有效、可行的行动建议。通过这些案例,我们会发现,只有父母自己内心足够稳定、强大,才能做好孩子的情绪容器,接纳孩子的各种情绪;只有父母自身不断成长,才能做好孩子的情绪教练,更好地理解自己,理解孩子,支持和陪伴孩子走出情绪困境,走向温暖美好的人生旅程。

疗愈自己，
是解决孩子问题的良策

案例描述 ▶

我的女儿 14 岁半，现在厌学，沉迷手机，上课经常走神，一写作业就磨磨蹭蹭的，甚至不写作业。你说她一句，她有十句等着你，从初一开始就特别叛逆，动不动就生气、发脾气。这段时间我发现她认识了一些社会上的人，每天跟他们混在一起，也不上学。老师已经打过几次电话了，我和她沟通，她就说："我上不上学和你没关系，我以后什么样子，你也不用管我。"这段时间更严重了，常常熬夜，每天只能睡三四个小时。前两天女儿想吃汉堡，让我给她买，但我那天有个紧急会议，就给忘了，到家之后女儿发了好大的脾气，还把我推倒在沙发上，说我怎么不忘了生她。听孩子这么一说，我太难受了，我不知道该怎么办？

案例解析 ▶

从表面上，我们看到这是一位因为女儿沉迷手机、厌学、母女关系不和谐来求助的母亲，那么女儿为什么会表现出这些叛逆的行为呢？

通过和这位妈妈进一步沟通，我了解到，在这个家里，爸爸很溺爱女儿。但爸爸对妈妈不好，加上孩子的奶奶经常介入家庭，总是挑拨爸爸和妈妈的关系，爸爸甚至会打骂妈妈，两个人经常会因为一些琐事争执不休，每次吵完架爸爸可能就几天几夜地不回家。妈妈因为爸爸不顾家，而越发焦虑，就把焦虑、失控的情绪发泄在女儿身上。所以我们看到的是这样的一个家庭：缺席的爸爸，焦虑的妈妈，焦躁不安的女儿。

女儿的叛逆，映照的是一个问题重重的家庭。

很多人都有过养鱼的经历，当小鱼生病之后，你是选择把鱼捞出来敷药、打针吗？事实上，我们都会选择先更换掉那一缸水，再向水中加入有助于鱼儿成长恢复的药剂，那么养在其中的小鱼自然而然也就康复了。我们的家庭也是如此，家庭环境改变了，养育其中的孩子自然也会发生变化。

在这个案例中，我们首先了解了这位妈妈成长的"那缸水"，也就是原生家庭环境。原来这位妈妈在4岁的时候，她的母亲就去世了。母亲去世之后，父亲再婚生了一个孩子，继母一点儿都不关心两个孩子，好在她的爷爷奶奶非常好，她一直在爷爷奶奶身边被呵护长大。爷爷奶奶照顾她跟弟弟，对她非常好。从这里来看，这位妈妈好像是不缺爱的，是爷爷奶奶组成了她成长的"那缸水"。但我们细想一想，这水真的就没有问题吗？

隔代抚养很容易出现问题，爷爷奶奶希望把所有的关爱都给到自己的孙辈，更何况自己的孙女已经没有了亲生母亲。这么一个4岁就没了妈妈的小女孩，多么可怜。爷爷奶奶恨不得把所有的东西都给孙女来进行补偿，于是就一直把她当成一个4岁的孩子来养，所以这位妈妈虽然生理上长大成人了，也结婚了，但是在长辈眼里一直还是那个4岁没了母亲的孩子。可想而知，她的心理并没有随着年龄增长而成熟。

当这位妈妈组建了自己的家庭之后，她也希望自己的丈夫和公婆都能像对待一个4岁的孩子一样关心她，爱护她。她把爷爷奶奶投射成了婆婆和丈夫，希望婆婆和丈夫对待她，就像爷爷奶奶对她一样。可是她发现，婆婆、丈夫对她不像爷爷奶奶那么好，她就愤怒了，然后就开始各种无理取闹。她觉得婆婆不关心她，就跟婆婆吵架。她也不允许丈夫向着婆婆说话，丈夫必须得向着她。丈夫要是替婆婆说一句话，她就觉得丈夫跟婆婆抛弃了她，于是会产生更强烈的冲突。

当这位妈妈无法得到来自丈夫以及丈夫一家像自己爷爷奶奶一样给到自己的关爱时，就产生了不平、怨怼，从而爆发了激烈的冲突，和丈夫争吵，和婆婆拌嘴等。当一个人内在有很多愤怒、不满时，是无法来表达爱的。这位妈妈也将自己的愤怒和不满转移到了女儿身上，和女儿之间冲突不断。

父母锦囊 ▶

很多来求助的父母,都希望能够得到一套"招式",回去在孩子身上一用就见效,就能把那个让自己头疼不已的孩子变得乖巧又懂事。实际上,只有"招式",没有"心法",父母会感觉很艰难,又没有效果。而父母处理好原生家庭的创伤,让自己获得成长,才是解决孩子问题的良策。

父母可以从以下几个方面让自己得到成长:

(1)疗愈自己童年的创伤;

(2)与自己的原生家庭和解;

(3)调整自己的情绪状态。

通过孩子成长中经历的方方面面,父母可以去学习用新的视角看待自己,并更好地让自己获得成长。只有自己疗愈了,自己成长得有力量了,父母才能够经营好婚姻,照顾好孩子。

扩充情绪容量，
更好地接纳孩子情绪

案例描述 ▶

我的女儿现在 14 岁，初一就开始寄宿，每周末回来一次，需要我们花大量的时间去陪伴她，如果有时候做得不够，她就会有很大的情绪。比如，之前学校每周允许孩子给家打电话，现在学校不允许了，她就有很大的情绪反应。如果我去出差，刚好她回来了，我们又见不到，她的情绪会更差。但是如果我在家里，帮她疏导疏导，她就不会有那么大的情绪反应。有时候我就在想，女儿现在这种情况，到底是跟我有分离焦虑，还是什么别的原因呢？我要怎么做才能让她情绪稳定些呢？

案例解析 ▶

通过与这位妈妈的进一步沟通，我发现她有点儿过度焦虑，因为孩子与父母沟通本就是一件再正常不过的事情，只是沟通的方式和内容有差异。因此，我引导这位妈妈认识到女儿的反应是正常的，孩子才 14 岁，还是未成年人，她要从父母这里得到滋养，这是正常需求，就跟一个人渴了要喝水、饿了要吃饭一样。

这位妈妈急于解决孩子的情绪问题，还有一个重要的因素就是自己很容易受到影响。当孩子的情绪非常差的时候，她就会烦躁，听多了孩子的抱怨，就觉得自己也有点儿受不了。这位妈妈的反应体现出一个问题就是：她的情绪容量满了，已经装不下了。当她把孩子说的话都评价为负面的，就会抵触、不接纳，导致她的情绪容量满负荷，听不进去孩子的抱怨和牢骚。

因此，我给妈妈提了三点建议：

第一，允许孩子发牢骚。

在生活中，我们都有七情六欲，有各种满意和不满意，这是一级情绪。孩子发牢骚，说明孩子在生活中有一些不好的体验，积累了一些负面情绪，而这些情绪需要找到出口。如果父母能够接纳孩子的情绪，允许孩子发牢骚，孩子的情绪就会得到释放和缓解。如果父母不能接纳孩子的情绪，就会让孩子不仅仅要承担一级情绪，还会产生因为被批评和被拒绝而导致的自责、内疚等二级情绪。

孩子的负面情绪若是得不到及时释放和疏导，这些情绪就会被压抑起来，长此以往将损害孩子的身心健康，孩子的情绪调节和社会适应能力也会降低。而如果父母能够抓住孩子发牢骚的机会，去了解孩子内心真实的感受和想法，并用同理心帮助孩子应对这些情绪，就可以在亲子之间架起一座沟通的桥梁。

第二，扩充自己的情绪容量载体。

当我们小的时候，烦恼、忧愁相对会少一些，但是在成长的过程中，我们想要完美的婚姻，想要活出自己，想去实现自己的理想，还要承担起养育孩子的责任，我们面对的事情就越来越多，烦恼也会增多。因此，父母需要扩充自己的情绪容量载体。情绪容量载体扩充了，父母才能接纳孩子的情绪，自己也会变得没有那么烦躁，而且对孩子的情绪稳定也能起到积极的作用。

要扩充自己的情绪容量载体，父母需要允许自己去体验各种情绪。当父母自身有任何情绪的时候，可以允许自己在情绪中待一会儿。情绪就像天上的云彩一样，会来也会去，所以当负面情绪来临的时候，不要试图赶走它，而是可以观察它，体验它。当父母不再试图控制自己的情绪，而是允许自己体验各种情绪时，情绪容量就会慢慢地扩大。

第三，去关注孩子抱怨的点是什么。

关注孩子在抱怨什么，通过她所抱怨的内容了解她的想法和感受，再用行动帮助孩子解决问题。父母需要认真倾听孩子的抱怨和牢骚，让孩子感觉自己被重视、被看见，这样孩子的情绪也会变得更加稳定。如果自己的一些行为确实给孩子造成了伤害，父母是有责任改善这些行为的。如果是孩子误解了自己的做法，父母更要及时解释清楚，避免误解加深，伤害亲子关系。

学会共情，
帮孩子应对同伴冲突

案例描述 ▶

我女儿今年15岁，最近放学回家之后总是闷闷不乐的，把自己锁在房间里不肯出来。我很着急，敲半天门，她也不开。终于过了好几天之后，她才哭着说，自己在学校跟好朋友吵架了，而且吵得很厉害，现在已经断交了。这个好朋友从小学到初中一直都跟她很要好，现在因为吵架而关系破裂，她这几天想到这件事就很难受，看起来情绪非常不好。老师，我该怎样帮助我女儿呢？

案例解析 ▶

如果孩子在学校跟同学吵架，带着情绪回来，父母会如何应对？第一个要处理的是什么呢？常见的处理方向有如下几种：

（1）关注情绪。赶紧安慰孩子："这不是你的错，你已经尽力了，你很不容易啦。"

（2）关注想法。觉得孩子的想法是错的，可不能这样再想下去了，要把这个想法纠正过来，所以会对孩子进行说教。

（3）关注人际关系。希望孩子不要跟人发生冲突，要处理好人际关系，可能会给孩子提建议："你应该对人友善，你有话好好说。"

（4）关注是非对错。最先关注的是对错，想帮孩子梳理清楚到底是谁的责任，可能会跟孩子说："你的同学有错，那你是不是也有哪里做错了？"

那么，父母究竟要如何做，才能真正帮到孩子呢？

1. 问题不是问题，如何回应才是问题

父母的第一关注点在哪里，开口说的第一句话是什么，父母如何回应孩子，才是这个问题的关键。孩子会潜移默化地学习父母的回应模式，来应对他自己未来的人生。所以父母恰当的回应模式就是送给孩子最好的礼物。

父母如何回应才是恰当的呢？

第一步，共情。首先，什么是共情？字面意思就是共一个情。父母和孩子现在是两个人，谁共谁的情呢？是父母共孩子的情，孩子有情绪，父母看到孩子的情绪状态。父母可能有自己的情绪反应。比如，面对孩子的生气、委屈和郁闷等情绪，父母可能也会产生情绪，做出如下回应。

> **孩子生气，父母对于孩子的生气感到生气：**
> 孩子你怎么这么傻，为了这么一点点小事生气，太不值得了！
>
> **孩子委屈，父母对于孩子的委屈感到愤怒：**
> 孩子你这个受气包，怎么这么软弱？每一次都是被欺负，你就不能强势一点，赢一次？
>
> **孩子郁闷，父母对于孩子的郁闷感到无助：**
> 孩子啊，怎么办呢？我也没有办法了，做过的都没用，我帮不了你了……

事实上，这些回应都不是共情。

如果这两种情绪是同一个品质的情绪反应，是共情吗？比如，有一位来访者来找心理咨询师，她在诉说自己初恋的故事，然后她伤心地哭泣，这时候咨询师想到了自己的初恋，哭得更伤心。看上去两个人都在伤心，但咨询师是在哭自己的初恋，自己的伤心，这不是共情。所以心理咨询师要不断地疗愈自己，否则常常会被来访者勾起自己的伤痛，这样是很容易耗竭的，所有的助人工作都如此，父母养育孩子也是如此。就像我们如果带病坚持工作，就容易越病越重，父母带着心理伤痛去养育孩子，就容易自己身心受损。

所以共情是**父母共孩子的情，共同感受孩子的情**。父母要能够觉察到"我有自己的情绪，我的情绪由我负责，同时我还要去感受孩子的情绪"。所以两个人一个情——是要共同感受孩子的情。

2. 先处理情绪，再处理事情

父母在行为上具体怎么做到共情呢？这里涉及一个心理学的知识点，叫沟通的效果来源——沟通效果好不好，语言占7%，声调占38%，肢体语言占55%。在家庭关系中，特别是在亲子关系领域，这个规律是非常适用的。

再想一下孩子和同学起了冲突，刚回到家的场景：

孩子与人发生冲突，回到家里，他还在情绪当中，久久不能平静。

孩子此时是什么情绪？生气、愤怒、伤心、委屈……憋着一口闷气。

父母共情的目的是什么？让孩子觉得有人理解他，支持他。

在跟孩子共情的过程中，父母要注意三点：一是不要讲有定论性的话；二是不讨论任何事实，因为孩子还在情绪中，他还无法讨论事实；三是不说做什么决定，采取什么行动。因为父母做所有这些事情的目的是帮助孩子释放积压的情绪能量。所以父母要一边交流，一边注意孩子的状态，直到孩子觉得终于有人可以理解他的情绪了，父母再去做其他事。

父母锦囊 ▶

1. 父母和孩子共情，在哪里进行？

就在自己家里。父母共情孩子，不是为了去找对方理论一个对错，而是为了让孩子心情舒畅，情绪得到平复和稳定。等共情完成，孩子恢复理性之后，父母和孩子再一起评估这个事情的严重程度，是不是有必要去跟对方沟通？要不要去谈判？或者需不需要告诉老师？这些都是回归理性之后才采取的行动。

2. 有的父母可能会有过激反应，是怎么回事？

父母的情绪远远大于孩子的情绪，是因为父母本身已经有了"情绪炸药包"，这不是共情。这个"情绪炸药包"有可能是来自原生家庭，也有可能是来自工作，来自经济压力或者夫妻关系等。这个来源是多样化的，所以就慢慢地变成一个越来越大的"炸药包"。当父母背了这个"情绪炸药包"，只要找一个小小的火星随时都能引爆自己。如果恰好这个时候孩子有了负面情绪，就提供了一个小火星，父母就按捺不住了，会产生过激反应。

3. 有些父母发现自己很难共情，是为什么？

"我很难感受我的孩子是什么样的情绪，我不知道他是什么情绪，我怎么共情？""我的眼睛是看到了他有情绪，可是我感受不到，不知道是什么。"孩子很愤怒，父母无动于衷，父母以为自己这个状态叫平静，其实这是麻木。

这种情况意味着什么？意味着父母自己小时候心里受的伤还没有被人共情，没有一个关心的人在身边给自己这份理解，为自己说话，帮自己释放情绪，所以父母自己都没有感受过，怎么能够把它分享给别人呢？就好像一道菜，你自己都没有尝过这个味道，你怎么可能把这个味道分享给别人？当父母看到孩子的时候，也会很难理解孩子承受的情绪情感。

所以，要帮助孩子处理同伴冲突，更好地共情孩子，父母也要疗愈自己的伤痛，好好共情自己。

父母可以通过写情绪日记的方式来提高自己的情绪感知能力，从而更好地觉察孩子的情绪。具体来说，父母可以每天花一点时间来回顾一下自己一天中出现的各种情绪，包括高兴、兴奋、伤心、生气等积极情绪和消极情绪。写下自己当时经历这些情绪时的感受是什么，是什么样的事情和想法导致了这些情绪。通过这种方式，父母就可以逐渐提升自己的情绪感知能力。

当父母自己的内心得到滋养，能够更好地觉知和接纳自己的情绪，才能更好地共情和理解孩子，更有力量帮助和支持孩子。

坚守底线，
帮助孩子走向独立

案例描述 ▶

　　我儿子今年 10 岁，他特别怕黑，不愿意跟我分床睡。每次睡前他要求我陪在身边，握着他的手，把我的枕头和他的枕头挨在一起，他才敢睡。晚上他去洗手间，会要求我把灯打开，陪他到洗手间门口，否则他不肯去。有几次我问他怕什么，他说怕鬼。为了解决他独立入睡的问题，我多次跟他约好独立入睡的时间，带他去商场挑选他喜欢的床上用品，但最后他都反悔了。我也尝试过陪他睡着后，我再偷偷回到自己房间睡，但他半夜惊醒又跑来我房间，就这样，我和他一直分床失败。孩子爸爸经常不在家，大概一个月回家一次，所以平时就我和孩子在家。即使他爸爸回家了，孩子也不愿意自己睡，要求睡在我和他爸爸中间。我知道孩子大了，应该让他独立睡，但找不到更好的办法了。

案例解析 ▶

10岁的男孩快进入青春期了,还不能独立入睡,确实不利于自我意识的发展。通过沟通,我了解到妈妈要求孩子分床睡大概三年时间了,这期间,她要求儿子睡在自己房间只有三四次。我初步判断妈妈在孩子分床睡这件事上态度不够坚决,妈妈的坚持是不够的。只要孩子不愿意,她就妥协了,所以妈妈对孩子分床睡的决心不够。而且妈妈的意愿度也不高,如果她老公天天在家,老公可能会提出抗议。对一个10岁的男孩来说,除非有严重的心理问题,否则一般都要求自己睡。

结合这个家庭的个性化情况,我给妈妈提出了三条建议。

第一,妈妈要坚持底线。

分床睡特别挑战父母的意志力和决心,如果妈妈是一个说到做到的人,"我说要分床睡,你今天就要自己睡",孩子就会知道妈妈的底线在哪里。孩子一说不愿意,妈妈很快就妥协,孩子完全明白妈妈没有底线。如果父母不能做到坚持底线,孩子就会不断挑战你的底线。

第二,妈妈要弄清自己的需求。

孩子爸爸一个月回一次家的情况好多年了,所以孩子在潜意识层面永远会响应父母的召唤。一般情况下,丈夫长期不在家,妻子会把对伴侣的情感不自觉地寄托在孩子身上,尤其家中又是儿子。妈妈情感的空虚可能是由儿子来填补,特别是儿子要求睡到爸妈中间。这个方面要思考，不一定是这样，但要考虑一下。

第三，孩子怕黑，是安全感出现了问题。

安全感的缺失可能来自外界环境、父母自身的安全感不足等。

1. 外界环境

孩子安全感不足可能来自他接触的环境，可能是电视里的，可能是游戏里的，可能是谁讲的鬼故事引发的。每个人都不一样，父母需要和孩子深入交流具体的问题，才能得到答案。此外，孩子缺乏安全感，不是只在晚上睡觉才缺乏，他是整个人都缺乏安全感。所以妈妈要针对孩子整个人，思考她做什么事情能增加孩子的安全感，做什么事情会降低孩子的安全感。降低安全感的地方，需要父母仔细观察和记录。比如，可能是由于孩子听了鬼故事，或者在学校受到欺负了，等等。父母要找出孩子的安全感是怎么降低的，才知道怎么去保护它。保护的方法，跟这些降低的地方是相对应的。所以父母要去观察自己的生活，观察孩子，跟孩子去交流，这很重要。

现在这位妈妈只有一个保护的方法，就是陪孩子睡觉，这样的做法很有局限性。孩子才10岁，父母需要给孩子足够的安全感，把降低孩子安全感的地方弥补过来。孩子不能和父母分床睡，这是一个结果。让我们不要在结果上纠缠，而是要在原因上面去调整。尽早去应对问题，不要让问题扩大化。

2. 父母自身的安全感

这个案例中有一点很有意思，我问了妈妈三次同样的问题："你怕黑怕鬼吗？"妈妈第一次回答："我安全感足够，我小时候怕黑，但是当了妈妈之后不怕黑。"但儿子说晚上不敢独自去洗手间，怕鬼。作为妈妈，她从来没有和儿子讨论过类似的话题，比如鬼在哪里，鬼长什么样等；她从来没有问过孩子，也不清楚孩子内心到底怕什么，可能是因为她自己也怕鬼，不敢面对，所以她一听儿子说怕鬼，她就陪他去了。

我第二次再问妈妈是否怕鬼，她回答："我有点儿怕鬼。"

第三次，她终于承认自己其实也怕黑："其实你说的没错，我自己确实也怕黑，可能遗传给孩子了。我自己感觉，我没有以前那么怕黑了，也尽力不在孩子面前表现出怕黑。"

孩子是家庭的一面镜子，他不是通过语言去感受真相，而是透过父母所有的行为感受真相。孩子早就已经感受到妈妈是害怕的，所以为了让妈妈不怕黑，他要找一个理由来陪伴妈妈，满足妈妈的需求。

父母锦囊 ▶

1. 父母怎么和孩子分床睡?

我们可以跟孩子约定一个分床睡觉的时间,逐次增加孩子独立睡的时间,这个过程的关键是父母的态度坚定。比如,第一周有三天跟妈妈睡,第二周只有一天跟妈妈睡,慢慢地分床,孩子接受度会更高一些。每当孩子做到一次,父母就给他大量的肯定、欣赏、赞美和认可。孩子没有做到的时候,父母一句话都不要讲。当然还可以做一个睡前仪式,比如讲故事、唱歌、给孩子做身体按摩,在脸上亲一下然后互道晚安等。

2. 孩子怕黑怕鬼怎么办?

孩子怕黑怕鬼,父母能够有效支持孩子的前提,是父母内心坦然、状态稳定,父母内心不怕,才能有效支持孩子,给孩子力量,否则说了再多、做了再多都没效果。父母状态稳定后,可以做三件事,帮助孩子解决怕黑的问题。

第一件事,和孩子具体谈一谈怕的东西。比如,"你怕什么?黑是什么意思?鬼是什么样的?鬼的大小、颜色、数量是怎样的?鬼在哪里?鬼正在干什么?鬼要做什么?鬼来攻击你吗……"孩子怕黑怕鬼,虽然都是安全感的问题,但表现形式不一样。父母接纳孩子的害怕,才可以更多地了解孩子的内心世界。

第二件事,父母分享自己怕黑怕鬼的故事。父母可以跟孩子讲一讲,自己小时候也怕黑怕鬼,但后来是怎么变成不怕的。父母的分享会让孩子知道，这种害怕的感觉是正常的，而且这种感觉会来也会走。从父母的经验中，孩子也会获得力量和安慰，更有勇气面对自己内心的恐惧，并逐渐走出恐惧。

第三件事，父母要承诺会保护孩子。父母保护孩子的具体办法有很多，"跟孩子一起睡觉"只是其中一个。父母要保护孩子，还可以找到很多其他方法，而不是只有这一种方式。

比如，父母可以多陪伴孩子，让孩子感觉到自己的重要性，感受到跟父母的亲密联结，这样能够提升孩子的安全感；当孩子有任何负面情绪的时候，父母可以及时去关注和同理孩子的情绪，让孩子感受到父母的理解和支持；父母也可以跟孩子一起去读一些关于勇气的书籍，增强孩子的力量感，所有这些都可以成为保护孩子的方式。

保持内心的中正，
做好孩子情绪的安全港湾

案例描述 ▶

我有一个女儿，初二，14岁。面对女儿的坏情绪，我的心情就变得很差，很暴躁。我知道需要接纳女儿的各种情绪，可是还是控制不住自己。女儿最近总是无缘无故地发脾气，有一次甚至让我从她的房间里出去。有时候女儿对外婆说话也很"冲"，丝毫不留情面。每当这个时候，我的心里就更不舒服，不知道该怎么办。我该如何才能正确引导女儿的情绪呢？

案例解析 ▶

情绪会相互影响，特别是坏情绪。当坏情绪出现的时候，我们需要探究它背后的原因到底是什么。

这位妈妈提到，看到女儿对外婆大吼大叫的时候，自己心里更不舒服，不知道该怎么办。

我们不禁好奇，当外孙女吼完之后，外婆做了什么呢？原来外婆默不作声，但其实应该是很生气的，但是外婆不会冲着孩子发脾气，而是自己回到房间里，不吃饭，也不说话，一个人生闷气。

当这位妈妈看到因为自己女儿而变得闷不吭声的母亲时，她感到非常愤怒。在这里我们不难发现，这位妈妈无法接受的不是女儿的脾气，而是自己的母亲因为自己的女儿生气受伤。这位妈妈将自己的母亲当成了孩子，或者比自己还要弱小的人，那么自己就有责任照顾母亲的情绪，不仅要自己照顾母亲的情绪，还要拉着自己的女儿一起照顾母亲的情绪。孩子希望的是，妈妈，甚至是外婆，都要来哄自己开心。孩子在学校里读书压力很大，回到家里还要去承接妈妈的情绪，还有外婆的情绪，那孩子是不愿意的。

在自己的母亲和女儿中间，一方是不愿意伤害的母亲，一方是情绪控制能力弱的未成年女儿，确实很难处理，一不小心就站在了其中的某一方，失去了平衡，那么问题只会越来越糟糕。在家庭关系中，每个人需要站准自己的位置，沟通也要直接，不要变成传声筒。外婆面对外孙女的愤怒时，选择沉默也好，选择反抗也好，都是祖孙两人间的互动模式，妈妈可以表达关心和理解，但无须为此过度反应。

每个人都是属于自己的独立的个体。这位妈妈希望照顾女儿或者母亲的事情都需要自己去做，而不是让任何人代替自己。

当孩子有愤怒情绪的时候，有时会说出很多伤人的话语，那都是无心的。当面对孩子的愤怒时，例如孩子说希望妈妈离开自己的房间，妈妈就真的要走掉吗？如果妈妈真的走掉了，那只会让孩子觉得妈妈不在意她，不在乎她，甚至觉得自己被抛弃了，这时候关闭的不仅仅是房间的门，也是孩子的心门。妈妈可以离开，可以退得远一点儿，但绝不是真的走掉了。

妈妈离孩子远一点儿，是体谅孩子有了情绪，可能是由于考试没有考好，也可能是学习受到了挫折，和同学或者老师的关系受到了挫折，等等。总之，孩子的情绪与脾气都和她自己有关，就像我们的情绪也都与自己有关。理解了这一关键，父母就会明白，无论孩子表现出什么样的行为，都不是冲自己而来。父母需要的是守护孩子，温柔而坚定地守护在那里，给孩子一片空间，让孩子能够安全地把自己的情绪宣泄掉，有时候这很艰难。只有父母自己学会情绪管理，内心足够强大，才能接纳很多坏情绪，才能做到坚定地守护孩子。这位妈妈就是自己不够强大，所以当孩子有坏脾气的时候，只会隐忍和退缩，而且不知所措，这不是接纳。

接纳情绪，是给对方一个安全的港湾；接纳情绪，是不仅接纳对方，也能接纳自己；接纳情绪，是无条件的爱。

父母锦囊 ▶

要让我们的内心足够强大，足够安全、稳定，也能够接纳自己和孩子，可以从三个方面入手：

首先，父母要扩大自己的情绪容量。

就好像每个人都有一个容器，可以容纳我们感知到的所有情绪，包括积极情绪和消极情绪，但是每个人的容器大小不同，有的只有一个碗大，有的能装下一座山川。父母可以扩大自己的情绪容量，让自己能够承载得更多，接纳得也就会更多。

其次，父母需要不断清理自己的情绪。

不管是愤怒还是委屈，是失望还是焦虑，是害怕还是担心，当我们觉察到它的时候，需要定期地清理它。有的人每天跑步运动，有的人时不时地看一场悲伤的电影，有的人会参加固定的团体分享，不管是通过什么样的方式，父母都需要定期地清理自己的情绪，让它可以保持一定的清洁和稳定。情绪不是压制就可以掩盖掉的，压抑得越深，反弹就越严重，定期地清理它，会让我们更轻松。

最后，保持中正。

如果说孩子就像波涛汹涌的大海，青春期的喜怒无常，就像海面时而波涛汹涌，时而风平浪静，而父母则像不动的海岸线一样，无论大海是什么样子的，海岸线都稳稳地在那里。保持内心的中正，意味着放下想要控制一切的心理，完全进入当下，专注而又放松，心平气和，看见完整的孩子。无论孩子是什么样子的，父母永远都在那里，不前进，也不后退，一直就在那里。

以爱为舟，
帮孩子重新找回生命能量

案例描述 ▶

小文（化名）今年15岁，是一个性格内向的女孩，现在上初中二年级，平时没有什么朋友，经常一个人待在角落里，也不参与班级的活动。起初还会有几个同学找她玩，小文也没有什么回应，渐渐地就没有同学再喊她一起玩了。

在家里，小文有一个姐姐，还有一个弟弟，因为父母工作比较忙，因此姐弟三人都在两岁左右的时候被送去幼儿园全托照顾。上了小学之后，父母更是把小文送到老师家里寄住，直到小学五年级，小文才被妈妈重新接回家中生活。

回到家中的小文总是显得格格不入，对这个家的感情比较淡薄，也经常被妈妈批评。妈妈总是说小文不如姐姐，也不如弟弟，学习成绩也不好。在老师的建议下，小文的妈妈带着她去医院检查，医生说是抑郁症，开了一些药，小文吃了三四个月，好像有点儿精神了，和同学的关系也慢慢地好了一些，也能够参加一些集体活动了。

案例解析 ▶

我们了解青少年抑郁的现象吗?

很多时候,父母会觉得孩子是故意偷懒,不就是不想上学嘛,天天"装的"不是头疼,就是胸闷,喘不上气来,没有一处舒服的,就是为了逃避上学罢了。

事实上,如果青少年真的抑郁了,可不是"装的"不舒服,而是他们真的生病了。

一般而言,如果孩子有以下一些表现,就要小心是否抑郁了,也可以前往专业的医疗机构进行诊断和就医。有哪些表现呢?

- 做事情提不起兴趣,提不起劲;

- 感到心情低落、沮丧或绝望;

- 入睡比较难,睡不安稳或者睡得过多;

- 感觉疲倦或没有活力;

- 食欲不振或者吃得太多;

- 觉得自己很糟糕或很失败,或者让自己、家人失望;

- 有时候有伤害自己的念头,或者干脆觉得死掉算了。

陷入抑郁的孩子,是没有办法专注于学习的。此时此刻,如果父母还继续只盯着孩子的成绩,只会让孩子更加觉察不到希望,严重的话孩子会采用伤害自己的方式。

为什么家中的孩子看起来都一样，但偏偏是老二出了问题？

著名心理学家阿德勒提出过一个观点，叫"出生顺序效应"——是指在多个子女的家庭中，即使孩子们出生在同一个家庭，有同一个父母，但由于出生顺序不同，基因遗传存在差异，都有可能导致他们性格迥异。多子女的家庭，最难的就是一碗水端平，对于这个家庭中的老二，更是如此。老二出生后，既没有体会到姐姐作为父母第一个孩子的倍受珍惜，也没有体会到弟弟作为家中唯一男孩子的优待。

缺少了父母的关注，又在两岁左右的时候被全托管在幼儿园，这个孩子更加渴望得到父母的爱。老师的照顾是无法替代亲生父母的照顾的，从两岁到小学五年级，中间将近十年的日日夜夜，一个弱小的孩子该有多少恐惧和害怕的时光，该多少次呼唤自己的妈妈，希望妈妈能够保护自己、照顾自己？这位妈妈在孩子最需要自己的时间里没有陪伴在孩子身边，那么当孩子重新回到妈妈身边后，妈妈就需要付出百倍甚至千倍的爱，才能够温暖孩子的心，让孩子一点一滴地重新获得安全感。如果此时妈妈无法控制自己的情绪，忍不住批评指责孩子，那么只会让孩子更加不安，感受到更大的压力。

父母锦囊 ▶

多孩家庭的父母,更需要关注孩子安全感的建立,当孩子已经出现抑郁情况时,请父母放下对于学习成绩的期盼,更多地关注孩子的内心。

虽然有些父母错过了孩子的成长,但可以从今天开始弥补。在多子女家庭中,为了把之前亏欠的爱及时地弥补回来,父母可以这样做:

1. 直接和孩子沟通,讨论愿望清单

问问孩子有什么愿望,有哪些需要帮助的地方,可以列一个清单出来,当然这个清单也是有一个边界的,可以讨论一下哪些是可行的,哪些是不可行的,边界在哪里。有些愿望是不需要花钱的,有些愿望是需要花钱的,都可以和孩子一点点地沟通,列在清单上面。比如,可能孩子希望父母带他一个人去看一场电影,或者花一小时只单独陪他一个人,这在多子女的家庭中是孩子非常常见的愿望,就是希望爸爸妈妈是他一个人的,但是却常常被忽略,不那么好实现。列好愿望清单,当父母帮孩子完成清单上的愿望时,就是在一点点地弥补曾经错失的爱。

2. 接纳孩子,多关心孩子的内心

对于抑郁的孩子,父母要接纳孩子生病了这个事实,接纳孩子的不舒服,接纳孩子是真的做不到。只有父母接纳了,才能够站在孩子身边和孩子一起讨论,有什么方法可以帮助到他,是找专业的心理咨询师,还是要结合医生的诊断并且服药,父母才能和孩子一起度过这个艰难的时刻。在父母的支持之下,孩子才能够重新找回生命的意义,找回生活的动力。

抑郁并不可怕,对孩子来说,最重要的需求永远都是父母的爱。

直面恐惧，
有效支持孩子走出抑郁

案例描述 ▶

晓兰（化名）今年18岁，高中二年级，性格活泼开朗，多才多艺，高中之前一直都是别人眼中的佼佼者，被很多人夸奖，一直是"别人家的孩子"。自从上了高中之后，学习压力变大，晓兰感觉自己适应不了，连续几次考试成绩越考越差，越来越焦虑。

晓兰一直在学校寄宿，和父母的沟通很少。高一暑假回家后，晓兰妈妈发现女儿体重突然开始明显增加，带着晓兰去医院检查，也没有查出什么结果。高二开始，晓兰入睡困难，总是半夜就被惊醒，睁着眼睛到天亮。开学只上了五天学，晓兰总是觉得同学们不喜欢自己，认为自己没有朋友。她也害怕和别人说话打交道，害怕说错话会伤害别人，害怕跟不上教学进度，感到去学校压力很大。晓兰现在基本不去学校了，一去学校就会发抖，还会不停地哭。

班主任找到晓兰的妈妈，向她说明了情况。妈妈马上带着晓兰去医院进行了检查，检查结果是重度抑郁，于是开始服药。药吃了半年，感觉起色并不大，就又换了一个医生，又吃了半年药，还是觉得效果一般，晓兰妈妈就把药给停掉，干脆不让晓兰吃了。后来晓兰妈妈又带着晓兰去找心理咨询师，和咨询师沟通过一次之后，妈妈问晓兰觉得效果怎么样，晓兰没有说话。回家之后妈妈感觉孩子没有任何变化，觉得咨询师不靠谱，干脆就不去了。晓兰妈妈就将希望放在晓兰的班主任身上，经常给班主任打电话，希望老师能够开导一下晓兰，但是帮助也不大。

案例解析 ▶

面对抑郁的青少年，有的父母私下停药，或者干脆不接受孩子得了抑郁症，这位妈妈也是如此处理的。

出于对抑郁症的恐惧，对孩子的担心，对心理问题的不了解，有时候父母选择用否认、逃避的方式来处理，这不仅不会给孩子的病情带来帮助，还有可能让孩子的情况发展得更加糟糕。对于抑郁症来讲，药物对病症的治疗作用有时候要高于副作用，因此必要情况下需要由精神科医生开药，并且指导服用。而这位妈妈很显然太过着急了，希望有灵丹妙药，能让孩子一吃就好，在不了解抑郁症的情况下认为药效不大，就自己停药，这对孩子而言并没有什么积极的帮助。

妈妈说，先后找过四位老师和孩子沟通，后来孩子就非常激烈地拒绝再见其他人，因为孩子觉得每一次都要重新说一遍当初发生的事情，这对她来说就是重新在自己以前的场景中经历一遍，就好像已经愈合的伤口要被再次撕开。虽然现在的她很痛苦，但是她依然不希望一次次地重新撕开过去的伤口。所以女儿在见了四位不同的老师之后，再也不愿意接受帮助了。

从这位妈妈的描述中了解到，孩子前两次见的是精神科医生，在医院跟孩子见面，了解情况后开了药物，让孩子回家服用，定期复诊。

这位妈妈寻求帮助的第三位老师是一位心理咨询师，沟通过一次之后就再也没有继续咨询。我们不清楚这位咨询师是不是匹配孩子的情况，但一般来说仅仅一次咨询是不可能完全解决问题的。心理咨询的效果是建立在咨询师和来访者关系足够稳固的基础上的，第一次见面可能这个稳固的关系还没有形成，孩子还在观望咨询师，还不能够打开自己的心扉，不能和咨询师进行深入的交流。要知道，心理咨询不是"仙丹"，吃上就能好。我们发现，晓兰妈妈对于心理咨询的认知存在偏差，在这种情况下可以让孩子多尝试几次咨询，才有可能促进问题的缓解。

第四位老师实际上是孩子的班主任，这位妈妈希望班主任能够疗愈孩子，但这种期待是不切实际的。从班主任的角度，可以给予孩子一些疏导和安抚，但是对于孩子内心的创伤，班主任难以有针对性地给孩子提供专业的帮助。

孩子伤到的是心。内心的无力感，对自己的不认可，成绩下降，被误会等给孩子带来了创伤。孩子更加需要来自父母的理解和支持，以及必要的专业支持。但是这一年里无论是父母还是其他人，都没能给到孩子足够的支持,没能让孩子慢慢愈合自己的伤口,甚至这位妈妈还会时不时地再次给孩子施加学习的压力,最终孩子的情况愈演愈烈,导致重度抑郁。

父母锦囊 ▶

中国有句古话"病来如山倒,病去如抽丝",说的是当我们身体生病的时候往往来得都很快,就像山崩一样,能够顷刻间摧毁道路、良田甚至房屋,但是当这个病想要好起来,就像拔出一根一根细丝一样,需要一点一点地慢慢好起来。身体的疾病在药物和治疗的帮助下尚且如此,更何况此时受伤的是心呢?当孩子出现抑郁的时候,父母需要知道,帮助孩子好起来的路艰难且漫长,就像一座高山,但是如果能够找对方向,就一定可以登上山顶看到阳光。

孩子抑郁不要怕,父母可以从以下几个方面寻求帮助:

1. 寻求专业精神科医生诊断,并遵医嘱

专业诊断是告诉我们现在孩子的情况如何,如果觉得和自己的预期有出入,可以带领孩子前往 2—3 家不同的医院就诊,去之前要告诉孩子,不要怕,爸爸妈妈会一直陪着你,现在你的不舒服和感冒发烧的不舒服是一样的,我们只是去看不同科室的医生。要给到孩子坚定的支持,让孩子知道,我只是病了,不用害怕,爸爸妈妈会一直陪着我。

在医院确诊是抑郁症的情况下,家长一定要全程参与孩子的治疗，尊重医生的专业建议，和医生共同制订治疗方案。在治疗期间，家长更要陪伴在孩子身边。

2. 借助专业心理咨询师的帮助

术业有专攻，可能一次或者两次不一定能够找到与孩子相匹配的咨询师，但是不要放弃，心理咨询师能够给孩子带来更多的支持和帮助。也不要期待通过一两次的心理咨询，孩子能发生多么巨大的改变，这是不现实的。

心理咨询师能够帮助孩子识别和矫正不合理认知，提高孩子的环境适应能力，同时在良好信任关系的氛围中，孩子也可以通过自由、安全的表达，让内心压抑的情绪得到释放，并调动和整合内心的积极资源，提升心理韧性，从而获得疗愈。

3. 父母自我成长

对孩子而言，最重要的是父母的支持。父母需要让自己不断成长，给孩子充足的爱和关心，用心倾听孩子的心声，并给孩子提供实际的帮助。无论孩子有怎样的情绪，父母都要尊重和接纳，并帮助孩子去理解自己的感受。当父母的内心强大起来，能够承托更多的时候，孩子也能够从中汲取力量。

抑郁并不可怕，找对方法，用爱疗愈。

有效引导，
帮孩子缓解同伴交往焦虑

案例描述 ▶

　　我儿子今年上高一，一个多月前班主任打电话给我，说我儿子特别在意同学之间的关系。同学交往中别人看起来微不足道的小事，他就特在意，花很多时间琢磨。后来我就跟班主任解释，可能是他初三被孤立的经历导致的。当时我儿子最好的朋友小俊，因为一些误会与我儿子断交，甚至还联合班上很多人，一起孤立我儿子，我儿子当时挺受伤。我猜测，他高中过分关注同学关系，可能是受到初中他被孤立的经历影响。

　　上个月，我儿子在学校又遇到了一个困惑。事情是这样的，他欣赏隔壁班的同学梅子，他觉得梅子思想独立、有个性，所以加了梅子的微信。后来梅子托朋友问我儿子是不是想追她，我儿子说不想追她，只是想交一个朋友。结果第二天，梅子就把我儿子的微信删了，我儿子纠结困惑了很长一段时间，他怎么都想不通为什么梅子要删除他的微信。

　　类似这种被孤立和被删微信的事情，会消耗我儿子很多的精力，他每天琢磨这些事。我不知道该怎么办，他是不是过度看重同学关系了？怎么帮他走出这种焦虑的情绪呢？

案例解析 ▶

第一个问题，孩子是不是过度看重同学关系？

每个人都不一样，案例中的男孩有过被孤立的经历，所以他更加在意友谊，这是很正常的。我们不能用一个平均值衡量所有孩子，他比其他孩子更在意友谊，他就一定有问题吗？除非这件事严重妨碍了他的生活。比如，他不能正常吃饭、不能正常上学，这才叫有问题。他只是比一般人更在意，这是没有问题的。每个人都会在某些方面超出平均标准，在某些方面比平均标准要低一点，这都是正常的。

第二个问题，怎样帮助孩子走出焦虑的情绪？

首先，我们要允许孩子有这种情绪。当我们去结交新朋友，当我们去一个新的单位，当我们去一个陌生的地方，我们都可能会害怕和焦虑，这是人类正常的情感。不仅青春期的孩子害怕，很多成年人也会害怕。对不确定性感到焦虑，这是正常的。

这个男孩现在读高一，高中阶段有一个非常重要的课题：要学会处理跟同龄人的关系，要在同龄人中寻找自己的位置，要探究人际关系怎么维持。父母觉得学习最重要，认为他不应该在人际关系上花这么多时间，他应该花更多时间在学习上面。但孩子是一个正常人,他有七情六欲,他想交朋友,这是正常的。为什么人类的儿童和青少年时期这么长?这么多时间孩子都只能学习学科知识吗?如果父母只把孩子导向应试教育的方向,让他只关心学习,孩子就会出问题。

针对这个案例,我给妈妈提供了三条处理孩子人际困惑的建议。

第一,允许孩子有负面情绪。一方面,父母要把孩子的情绪当作正常的反应,不要强制孩子压抑情绪。另一方面,父母要引导孩子思考,这次被孤立意味着什么,他能获得哪些人际交往的经验和教训。我们可能觉得孩子年纪小,不当回事,但以后孩子成年了,他行为的后果,可能比被孤立更严重。

第二,允许孩子承担责任。通过被孤立这件事,可以让孩子学会面对不尽如人意的结果。被孤立的感觉不好受,但这就是结果,他就要承担不好受的感觉。就像他迟到了,老师批评他,他不舒服,那是他要承受的。如果孩子迟到,父母帮他承担后果,他明天可能继续迟到。所以当孩子感到难受的时候,在充分共情孩子的情绪后,父母可以引导孩子从这次经历中学习和反思。否则,下一次他遇到同样的事情,还是会出现同样的行为,再一次难受。

第三,帮助孩子修复关系。这个男孩很在意朋友,所以很焦虑被再次孤立,那么他可能愿意做一些事情去弥补他和朋友的关系。如果他能够和朋友化解矛盾,对他的人生而言,这是一个了不起的成功体验:我曾经以为我失去了朋友,而现在我又能够赢回他们。

咨询结束后,这个男孩的妈妈好像明白了什么,她反馈说:"我从来没有正式和儿子谈过这件事,我可以尝试跟他聊一聊,正确引导他。当时我们也没有让儿子反思自己的行为,在这方面我做得不到位。我只看到了他被孤立的事,但没有考虑被孤立,其实也有我儿子自身的原因。"

当孩子被孤立后,父母要引导孩子深入思考为什么被孤立,使孩子明白:以后交朋友,我做了什么事,对方会开心;我做了什么事,对方会不开心。通过这样的人际关系经历,他能学会共情对方的感受。在生活中,这样一次次的人际关系实操练习非常重要。如果孩子没过"人际关系"这一关,他可能会留下恐惧、不断退缩的心理阴影。人际关系的失败,会影响青春期孩子的学习成绩,也会影响他整体的身心健康。

父母锦囊 ▶

孩子为同伴交往焦虑,父母也跟着焦虑怎么办?

如果父母自己都焦虑,给孩子做任何的引导,效果都不会太好。因为父母对孩子一开口,父母所有的一切,包括声调、表情、肢体语言等都透露出焦虑,所以说什么效果都不会好。最重要的是父母讲话的状态是平静而有力量的。

父母要学习如何更好地处理人际关系。父母人际关系的这门功课过关了,才能看懂为什么孩子会变成这样,才可以帮他理清楚。

无论是在人际关系中交到了好朋友，还是交际失败了，被人家拒绝了，孩子都可以从经验中学习。父母可以引导孩子去思考："为什么别人拒绝我？原因是什么？是我做了什么不合适的事或说了什么不恰当的话吗？我有什么可以调整的吗？"父母把人际关系理得更清楚，对于孩子而言，就会更轻松一些。

儿童心理学家马·劳迪思·卡兰丹认为："一个社交能力低下的孩子比没有进过大学的孩子具有更大的缺陷。"社交能力对于孩子未来的发展和幸福程度都非常重要，如果孩子拥有融洽和谐的人际关系，个性就更容易健康发展，孩子也更容易感到幸福。

作为父母，我们对孩子的人际交往模式有着潜移默化的影响。父母怎样跟孩子打交道，孩子就怎样跟别人打交道。所以，要想帮助孩子处理好人际关系，父母也需要反思自己跟孩子的相处之道。比如，在家庭中父母是否更多地倾听孩子。当孩子经常被倾听的时候，他在人际关系中也更容易学会倾听别人。当父母更平静，减少焦虑的时候，孩子也更容易平静下来。

纠正角色倒置，
守护好孩子的安全感

案例描述 ▶

兰兰（化名）妈妈最近每天都睡不着觉，总是悄悄地趴到女儿门边，听听女儿的声音，看看她是不是睡着了，有没有在做一些伤害自己的事情。事情原来是这样的。

兰兰今年17岁，在当地一所非常有名的高中读高二，从小胆子比较小。出于工作原因，兰兰爸爸有两个月不在家，妈妈工作也很忙，家中经常是兰兰一个人。有一天晚上，兰兰晚自习回家，发现自己的钥匙没有带，给妈妈打电话，妈妈那边很忙，就让兰兰直接找开锁的人处理。晚上妈妈回到家之后，发现兰兰一直在客厅中走来走去，也没有睡觉。兰兰发现妈妈回来后就躲回了自己的房间，当时妈妈没有在意。第二天早上兰兰好像有话要说，但是妈妈赶着上班就走了，只留孩子一个人在家里。

还有一次，兰兰连续几天失眠，睡不着觉，后来几次追问之下才支支吾吾地说，放学的路上感觉有个人在跟着她，她非常害怕，就往家里跑，进了小区突然间有一条小狗冲出来，吓了她一跳。

直到有一天兰兰突然给妈妈发了信息说:"妈妈,我爱你,我也知道妈妈是爱我的,你一定要照顾好自己哦!"当时妈妈在忙,看到信息后也没有在意,只是觉得孩子长大了,回了个"妈妈也爱你"就没有再关注。晚上妈妈回到家之后发现情况不对,家里灯都没有开,妈妈就去敲兰兰的房门。兰兰说自己睡下了,在妈妈的一再催促下,兰兰才磨磨蹭蹭地打开了房门。房间里窗帘紧闭,一片漆黑,妈妈打开灯之后,发现孩子在手臂上划了好几条口子。妈妈吓坏了,再想到兰兰发的信息,那时可能已经在自杀的边缘。

案例解析 ▶

面对孩子可能要自杀,父母该怎么办?

未成年的孩子,青春年华,是什么让他们生出了离开人世的念头呢?

我们来看案例中的兰兰透露的两个信息:

第一,孩子从小就比较胆小,17岁了,家里换门锁之后,会担心不安全,在家里走来走去,无法入睡,本来想和妈妈说一说,缓解一下自己的紧张情绪,但此时此刻妈妈只顾着自己的事情,忽略了孩子对于安全感的需求。

第二，孩子和父母的沟通不顺畅。试想一个未成年的孩子，当路上遇到了陌生人跟随时，回到家后的第一件事情不是和父母倾诉自己的恐惧害怕，不是寻求父母的安慰，而是自己一个人默默地承受，害怕得睡不着觉。由此可见，平日里孩子很少和父母表达自己的真实感受。

孩子的安全感不足可能和父母自身的安全感有关。

兰兰妈妈坦言，自己也是比较缺乏安全感的，平时也是属于比较谨慎的性格。兰兰的爸爸也会很关注安全问题，比如，如果爸爸在家的时候，会很注意门有没有锁好，窗户有没有关好。从小对于兰兰的教育，父母在安全方面非常小心谨慎，总是告诉兰兰外面的世界非常危险，要处处小心。回到家里也要注意门窗，注意电器，注意方方面面，兰兰就是在父母营造出来的一个不安的世界中长大的。

当父母在苦恼孩子为什么胆小的时候，认真回顾一下孩子的成长环境，总能够找到蛛丝马迹。正是因为从小到大，孩子都是通过父母来了解这个世界的，可以说本身安全感比较低的父母是很难为孩子营造出足够的安全感的。

安全感不足的孩子，要想尽一切办法让自己远离危险。当孩子进入青春期之后，这种感觉会更加地强烈，如果不能够获得足够的能量来源，孩子就可能用逃避的方式来降低自我的焦虑。当焦虑的感受已经无法调整，从父母那里无法获得足够的力量的时候，孩子就会尝试向父母发送信号，有时候是支支吾吾地说话，要知道这时孩子可能很难描述清楚自己的感受，有时候是行为上的，比如坐立难安、失眠、胃肠道问题等。这个案例中，妈妈因为自己的事情而忽略了孩子的信号。

当孩子的焦虑越发严重无法自我调整的时候，就有可能采取伤害自己的方式来缓解自己的不安和焦虑。对于此时的孩子来说，身体上的疼痛并没有心理上的压力让自己更加的窒息。

请我们所有的父母亲，时时看到孩子的求助。

请我们所有的父母亲，相信孩子其实很脆弱。

请我们所有的父母亲，回忆成长过程中家庭给孩子带来的影响。

安全感，源于家庭，源于父母。安全感不足，孩子会更加惧怕这个世界。

孩子很懂事，不一定是好事。

案例中兰兰本来想和妈妈倾诉自己的恐惧，但是看到妈妈比较忙就忍住不说，自己慢慢地消化。在咨询中也会遇到类似的情况，曾经有一位父亲说，"我的儿子特别懂事。"由于父母工作都很忙，儿子暑假经常一个人在家，每天的午饭都是自己解决，要么面包牛奶，要么点外卖，或者煮个面。有一段时间，父母中午不忙，说回来给儿子做饭，都被儿子拒绝了。儿子的原话是"不麻烦你们了"。当孩子特别懂事，总是很体贴父母的时候，这实际上透漏出一个非常重要的信息：孩子认为需要体贴父母。

这样的认知是来自父母不断向子女发出的信号：我比较弱，比较辛苦，需要你（孩子）来替我操心，你要体贴父母，照顾父母的感受。在这个家庭中，至少在这个互动中我们看到女儿和妈妈的位置颠倒了，女儿成了那个需要照顾他人的角色，就像母亲一样；而妈妈成了需要被照顾的一方，成了"女儿"。

可想而知，女儿有力量承担"母亲"的责任吗？没有，那她能怎么办？面对这样的情况，女儿出现了严重的焦虑、抑郁，甚至需要依靠自我伤害来缓解自己的紧张不安。

如果孩子出现了这样的情况，父母一定要反思一下自己曾经的教育模式，是不是无形中给孩子造成了压力，让孩子承担了不属于他们的责任。

父母锦囊 ▶

面对孩子的自我伤害，父母可以怎么做呢？

1. 找专业机构或者专业人士来评估一下孩子的自杀倾向，评估孩子的焦虑、抑郁等级，根据相应的专业指导给孩子提供帮助。

2. 跟孩子重建充满信任的亲子关系，恢复良性沟通。父母需要学习和成长，反思自己的养育方式，调整养育策略，尝试跟孩子进行有效的沟通，实现跟孩子之间关系的重建。在这个过程中父母可能会体验到挫败，但只要父母坚持自我成长，不断提高胜任力，努力去理解孩子，就能重新架起沟通的桥梁，更好地帮助孩子渡过难关。

与内在小孩对话，让爱意自然流淌

案例描述 ▶

我一直有个困惑，现在也没有答案。我女儿爱哭，每次我一看到女儿哭，就特别烦躁，我知道女儿哭的时候，我应该安慰她，拥抱她，可我就是做不到。我心里好像有一道迈不过去的坎，没有力量安慰她，甚至想推开她，不让她在我面前哭。类似的事情很多，每次女儿哭，我的情绪就瞬间爆炸了，脾气噌噌地往上蹿，特别反感她哭。我自己也很受折磨，应该怎么做我都懂，可就是做不到。我总是不停地责怪自己，觉得我是一个不合格的妈妈，心里非常难受，怎么办？

案例解析 ▶

案例中的这位妈妈说她心里有一道迈不过去的坎，为了进一步确认这个"坎"是什么，我问她小时候有没有类似的成长经历，比如向父母表达需求但被拒绝。她回忆起了成长过程中让她印象最深刻的一件事。

"那时我读小学三年级，大概9岁，我妈带我去买鞋，我看上了一双特别漂亮的水晶鞋，上面有漂亮的蝴蝶结，当时很多同学都穿这种鞋，很流行的款式。我想让我妈买，但我妈觉得太花哨了，不给我买。因为没有买到喜欢的鞋，我失望地回家了。我妈看我这样子，生气地说：'以后买鞋你自己去吧，我不想陪你去了。'本来就难过，听到我妈这样说就更委屈了，我忍不住哭了起来。她看到我哭，更加生气：'你哭什么哭，就知道哭，把这心思用在学习上多好。'我现在都不知道，为什么妈妈看见我趴在房间桌子上哭，都不来安慰我一句。我自己哭累了，就爬到床上去哭，整个枕巾都湿透了。那一刻，我感到委屈、愤怒、不被理解，我觉得我妈根本就不爱我。我哭了很久，希望我妈能过来摸摸我的头，把我抱进怀里，说一句：'不哭了，妈妈心疼你。'"

女儿哭的瞬间，勾起了这位妈妈小时候的经历，她小时候没有被她的妈妈温柔对待过，没有亲身体验过被安慰的感觉，所以当她要去安慰自己女儿的时候就会觉得不舒服，心里别扭。这位妈妈卡在了9岁没迈过去的那道坎，这导致她不知道应该怎样对待孩子。

为了帮助这位妈妈跨越心里的那道坎，我邀请她思考一个问题："为什么你妈妈这样对待你呢？你妈妈小时候的生活是什么样的？"她鼻子酸了一下："我妈妈小时候过得很苦，她那个年代家里非常穷，七八个兄弟姐妹，她是家里的老大。她很小就得下地干活，为了改变命运，她读书非常上进。她脾气挺硬的，像一个'钢铁女侠'，既要照顾弟弟妹妹,干农活,还要走很远的山路去读书。在那种穷苦的环境下,我的妈妈凭着一股狠劲儿才走出来,后来去了大城市工作。所以她以前经常跟我说,要一心一意只想学习,不要把心思放在没有意义的漂亮衣服或者鞋子上。"

其实,上一代人的心愿特别简单,就是想把自己蹚成功的这条路教给孩子,按照他们小时候对自己的要求,来要求孩子。因为他们觉得这样,孩子就能少吃苦,少走弯路。

但时代不一样了,父母的路不一定是孩子的路。

这位妈妈理解了自己母亲善意的出发点后,我邀请她和9岁的自己对话。当她把内心的情绪从自己狠心的妈妈转向那个委屈的小姑娘之后,立刻失声痛哭了起来。这么多年,那个9岁时哭累了的小女孩一直蜷缩在角落,没有得到关注和爱。

这位妈妈情绪稍微平复后,对9岁的自己说:"孩子,让我抱抱你!我知道你现在很委屈,我看到你哭得这样难过,我心疼,想抱抱你。难受的话,你就尽情哭吧,我陪着你。妈妈爱你,妈妈一直都爱你。"说完这些,她心情好多了,终于和小时候的自己和解了,也与自己的母亲和解了,积攒很多年的委屈、愤怒都被释放了,心里那道坎真正地迈过去了。

处理好了妈妈小时候的心结后,我邀请她重新看自己女儿哭的场景,她感觉不再烦躁,而是深深的理解。之前看到女儿哭,她烦躁的情绪开关被打开,是因为女儿哭的场景唤醒了她小时候内心的委屈、愤怒和恨，恨钢铁侠般的母亲为什么不来抱抱她。妈妈也没有被那样温柔地对待过，甚至她的经历比孩子更痛苦。当恨被消解，对自己的爱意就自然释放，对孩子的爱意也就能自然流淌出来，真正实现从知道到做到，心里便更有力量了。

就像案例中的妈妈一样，我们很容易就对自己的情绪反应立即做出判断，没有考虑到那可能是因为当下发生的事情，勾起了过往的记忆。当你对孩子正在做的事情或提出的要求感到生气，或者感到怨恨、恐慌、恐惧，甚至在育儿上有挫败感时，最好把它当作一个警报。这个警报，如果会说话，它对你说："这让我想起了我小时候……"

孩子的行为触发了我们过去的绝望、渴望、孤独或不自信、不被爱的感觉，所以，不知不觉中，我们挑选了一个最简单的做法：不去理解孩子的感受，而是直接发飙，或陷入沮丧，或开始恐慌。

这就是为什么我们学了很多教育孩子的方法，依然做不到。因为孩子的一些表现经常会勾起我们内心旧有的感受，导致我们面对孩子时，不小心就因为那些被勾起的旧情绪而产生反应，而不是针对孩子当下的表现产生反应。

如果不反思我们自己是怎么成长的，以及上一辈人在我们身上留下的影响，我们就会总是做出违背内心的行为。比如，你本想说一些话表达对孩子的关爱和保护，给孩子力量，可实际上你说出的话效果恰恰相反，这让你咬牙切齿地骂自己："我一张嘴，说出来的话竟然和父母一模一样，还是没有逃脱原生家庭的魔咒！"

好消息是,现在还为时不晚,当你开始觉察,你就已经开始改变了。

不要让上一代错误的养育方式留在你身上的阴影,再影响到你的下一代。你的觉察和反思将帮助你摆脱过去的羁绊,关注孩子当下的需要,用更加积极的方式回应孩子。

第五部分

✦ 应对数字时代的挑战,养育身心健康的孩子

\ 充分准备,跟孩子约定手机使用规则
\ 灵活变通,让孩子自律使用手机
\ 调整期待,正确看待手机游戏
\ 认可社交需求,帮孩子找到集体归属感
\ 先修复亲子关系,再沟通玩手机问题
\ 用好三个关键字,解决孩子手机游戏沉迷问题
\ 顺应成长节奏,调节游戏背后的压力
\ 滋养和欣赏,养育身心健康的孩子

在当今社会，随着互联网的不断发展和手机游戏的层出不穷，很多孩子都愿意接触手机，而家长常常担心手机会影响孩子的学习、视力、睡眠、运动等，于是在如何合理使用手机的问题上出现越来越多的亲子冲突。

有的家庭中，对于孩子如何使用手机，父母凭心情来定，时而严加限制，时而又完全放任，常常令孩子无所适从；有的家庭中，虽然父母和孩子制订了手机使用规则，但孩子一旦违反约定，父母就强制执行，甚至没收手机，结果引起孩子的激烈反抗，继而引发亲子大战；有的家庭中，孩子迷恋手机游戏，每天把大量时间用于打游戏，甚至背着父母偷偷给游戏充钱，导致孩子无心学习，最终学习成绩下降。

这些现象看上去是由手机引发的问题，但实际上问题的背后，隐藏着亲子关系、孩子的自尊自信、社交需求等种种更多元、更深层的原因。心理学研究发现，在现实关系中越空虚的人，越容易对网络世界上瘾。对孩子来说，如果他的依恋需求没有得到充分满足，在现实生活中就会缺乏安全感和归属感；如果他的价值感和自尊感较低，在现实生活中就会无法获得自信和成就感；如果他在现实生活中缺少亲密的朋友，经常感到孤独和空虚，他就更容易陷入虚拟世界，试图从中获得这些在现实生活中匮乏的东西。

对于孩子玩手机这件事，一味禁止是徒劳的，完全禁止只会让孩子产生强烈的逆反心理；但如果完全放任不管，不跟孩子约定任何规则，面对网络上更多的诱惑，就连很多成年人都做不到自律，又怎么能要求孩子做到呢？所以，要想真正解决问题，我们需要根据孩子的实际情况逐步放手，并去关注孩子的哪些需求在现实生活中没有被满足，以及孩子什么时候可以自己做出成熟的决定。

当我们尽力去满足孩子的真正需求，让孩子在现实生活中获得足够的心理滋养，感受到安全感和亲密感，孩子就更有可能把关注点从虚拟世界转向现实世界。同时，作为孩子的陪伴者和守护者，我们也要引导孩子适当合理地使用手机。比如，看到孩子使用手机的积极方面，跟孩子协商约定，温柔而坚定地执行约定，等等。

在这一部分，我们精选了关于青春期孩子使用手机问题的若干案例，针对家长常见的困惑，以及因手机引发的各种矛盾冲突，深度解析了问题背后的深层原因，并提供了切实可行的实操建议，帮助家长透过现象看到本质，更好地理解孩子的心理，学会与孩子进行有效的沟通，有信心和能力应对数字时代的挑战，最终养育出身心健康的孩子。

充分准备，
跟孩子约定手机使用规则

案例描述 ▶

我儿子 11 岁，暑假的时候半夜经常偷偷起来到客厅拿我们的手机玩，有时玩到后半夜，后来我们知道了这个情况，就在晚上把手机藏起来，并试图跟他约定手机使用规则。我说每天给他玩 2 个小时，他说不行。我问他觉得多少时间可以，他说 8 个小时。我说不行，然后他说最少 6 个小时。我说不行，最多 4 个小时。结果儿子现在每天玩 4 个小时也停不下来，我在旁边催促交手机也不管用，后来不得已我直接上手抢他的手机，结果他大发脾气。为这事我们发生了很多次冲突，不知道该怎么办才好。

案例解析 ▶

在孩子使用手机这件事上要不要管理，如何管理，是新一代父母面临的一个重大挑战。父母一方面担心过度使用手机对孩子造成不良影响，一方面又希望孩子能够学会自我控制、自我管理，这中间的分寸究竟如何把握，是值得每个父母思考的问题。其实，每个孩子都是一个独立且独特的个体，最适合孩子的方法，往往就掌握在父母手中。

电子产品是新时代的新工具，孩子要学习使用好这个工具，都会经历一个过程。在这个过程中，父母可以跟孩子讨论协商，在电子产品的使用上约定规则，从而帮助孩子学会延迟满足，学会自我负责，提升自控力，促进孩子更好地成长。

首先，在约定前，父母需要做一些准备。

第一个准备是情感准备。

父母先要想清楚自己面对电子产品时的情绪感受，这样跟孩子表达的时候，才能让孩子感觉到爱和理解，而不是指责。具体来说，就是父母要先对孩子表达爱和关心，理解孩子用手机的需求，看到孩子表现出的积极品质，并把自己对这种品质的欣赏传递给孩子。比如，父母看到孩子玩手机游戏是有规划的，就可以对孩子说："孩子，我看到你玩游戏很有规划性，能采取灵活的策略，玩得很有意思。"这样的表达会让孩子感觉到被理解和尊重，孩子才会更愿意跟父母合作。

第二个准备是要选择适当的时机和场合来谈约定，这样才能让约定谈得更顺利。

具体来说，父母要选择合适的宽裕的时机，以及父母和孩子的情绪状态都比较平稳的时候。比如，当孩子正在打游戏的时候，就不适合谈约定，而在周末的休闲时间或者晚饭后全家都放松的时候，则相对而言比较合适。

有了充分的准备后，接下来，父母就要跟孩子具体谈约定了。

父母先要跟孩子说明手机使用约定的用意。

跟孩子约定手机使用规则不是为了控制孩子，让孩子把省下来的时间用于学习，而是为了引导孩子合理使用电子产品，规避可能的风险，真正成为电子产品的主人。

父母也需要给孩子做出承担责任的示范。

父母可以鼓励孩子说出父母需要改进的地方，如果孩子指出父母之前的一些错误做法，比如随意没收手机、抢手机等，父母要真诚地跟孩子道歉，并虚心接受孩子的意见，让孩子感受到尊重和平等。

在跟孩子共同讨论的过程中，很重要的一点是把主动权交给孩子。比如，父母可以跟孩子说："我看到手机已经影响到你的学业了，你觉得怎样才能做到手机和学业两不误呢？"这样的引导能帮助孩子自己去思考，让孩子逐渐学会对自己负责。

在确定手机使用规则的内容时，注意有两个原则。**第一个原则是内容可执行，即要求明确；第二个原则是内容可衡量，即标准清晰。**

比如，有的父母跟孩子约定，"每天使用电子产品 2 个小时，不能超时太长"，这就不是一个明确的要求，因为"超时太长"是一个模糊的说法。还有的父母跟孩子约定，"每天使用电子产品

2 个小时，超时 20 分钟以上停用"，这个"20 分钟以上"的表达也不够清晰。如果约定不够清晰，就容易导致父母和孩子在执行过程中出现分歧和矛盾。"每天使用电子产品 2 个小时，每超时 20 分钟罚停 1 个小时"，这就是一个比较明确和清晰的规则，有利于落地实施，也能避免执行中由于规则模糊导致的纠缠不清。

在和孩子完成约定后，父母要尽可能地把约定的内容落到纸面上，白纸黑字地呈现出来，孩子和父母双方在上面签字，然后张贴在家里比较明显的地方或者妥善保存。这就形成了一个比较正式的契约，双方在电子产品使用上可以有章可循。在达成初步约定后，随着时间的推移，可能会出现一些新的变化，这时候父母可以跟孩子再次协商，讨论细则，对原来的约定进行补充修改。在这一过程中，重要的是父母和孩子要共同合作，达成共识，共担责任。

跟孩子约定手机使用规则，需要父母温柔而坚定地跟孩子沟通，从内心信任孩子，真正给孩子赋能。约定的本质，就是把权利和责任一起交给孩子，这样可以让孩子在家庭中培养自主选择和承担责任的能力，而这正是孩子未来立足社会的必备能力。

下面是关于手机使用规则约定的一个示例，可供大家参考。

有关合理使用手机的约定

我同意

1. 周一到周五手机使用时长不超过（　）小时，晚上一到（　）点，我就会把手机交给父母。

2. 周末手机使用时长不超过（　）小时，晚上一到（　）点，我就会把手机交给父母。

3. 周一到周五使用手机前需要完成的任务是：（作业、运动、与家人互动……）

4. 违约细则：如果手机使用超过（　）时间，须完成（　）任务。违约后暂停（　）时间。

5. 奖励机制：连续做到（　）天，奖励（　）时间或（　）。

6. 补充条款：

如朋友临时邀约、听歌、作业查询……

签名：

我同意

1. 接受孩子的监督，在家少看手机。

2. 注意执行约定时的行为和态度。

3. 违约责任：

4. 奖励机制：连续做到（　）天，奖励（　）。

签名：

灵活变通,
让孩子自律使用手机

案例描述 ▶

我家女儿13岁,她上次过生日想要一部手机,我和爸爸答应给她买,但也和她约定了详细的手机使用规则。一开始她执行得不错,能基本按照约定使用,但慢慢地,我发现她经常违反约定。比如,约好了玩2个小时手机就写作业,她玩了五六个小时还停不下来;约好了写作业时不看手机,她一边听音乐一边写作业;约好了手机使用的明确规则,她各种钻规则漏洞;约好了晚上11点睡觉,她趁我们睡觉偷偷熬夜玩手机。我们都非常苦恼,约定好的事情,总是无法执行。

一开始我们强制执行约定,偷偷换过Wi-Fi密码、拔过网线、抢过手机,但她情绪越来越激动,甚至开始骂人、打人,我们不得不妥协。对于她使用手机这件事,我们越来越搞不定,一方面我们理解女儿,我们自己面对手机的诱惑,也不能总是保持自律,所以女儿做不到,我们也能理解。完全不给手机,在这个互联网时代也不太可能,她平时上网课、坐地铁、和同学聊天、买东西、玩游戏、看新闻等都需要用到手机,所以完全不给也不现实。但另一方面,手机的诱惑力太强了,我们非常担心她玩手机上瘾,影响视力、学习、睡眠等。这种分寸该怎么把握呢?

案例解析 ▶

青春期孩子从不能自律使用手机到完全自律,是一个漫长的过程。父母不要期望一个月或一年,父母什么都不做,孩子突然就自律了,父母需要耐心地教孩子养成使用手机的良好习惯。

这个过程很漫长,父母可能产生各种担忧。比如,"他自控力太差了,永远都不会自己放下手机,我还是放弃算了""他可能会记恨我没收手机,以后关门不理我了,我还是让步吧""他像颗不定时炸弹,情绪不稳,万一引起更激烈的冲突,比如离家出走、伤害自己,太吓人了,我还是算了吧"。父母有这些担心是合理的,但有困难不意味着要放弃,任由孩子沉迷在手机的世界。为了帮助孩子实现自律,父母既要有底线,又要灵活变通。

具体怎么做呢?我以一个日常的场景为例:你跟孩子约定每天使用手机2个小时,时间到了,孩子没有交手机,正在投入地打游戏。你怎么做,才能既坚守原则又灵活变通呢?

你不要这样做	你要这样做
"到时间了,你怎么还没停?"这样说会让孩子觉得不被信任,破坏孩子想自己做主的感觉。	"打到一半停下来,确实很难受啊。"这样说,孩子的感受被理解了,先关注人,再关注事情。
"你怎么就不能早点收尾呢?"这样说会让孩子觉得被指责,不信任孩子想做更好的自己。	"你自己选一下吧。是 5 分钟以后还是 10 分钟以后可以结束?"这样说让孩子有了选择,获得自己做主的感觉。
"你说话怎么不算数呢?一点儿不守时。"这样说,孩子会觉得你很唠叨,因为事情已经发生了。	"好,你选了 10 分钟,刚好你也用这段时间收一下尾。"这样说既坚守原则又灵活变通。

这样沟通后,部分孩子 10 分钟就会上交手机,部分孩子可能 10 分钟后依然没有上交手机。父母该怎么做呢?

你不要这样做	你要这样做
"你说话就从来没算过数!"这样说是给孩子贴永久性的标签,孩子可能破罐破摔,心想:"你觉得我永远说话不算话,那我就永远说话不算话给你看。"	"这个尾收得好艰难啊,一下子掐断是很难受的,我也理解。"这样说,没有破坏孩子的安全感。

续表

你不要这样做	你要这样做
"你再这样,以后别玩手机了!"这样说会严重地伤害孩子的安全感,孩子会想:"这是我的手机,凭什么你要收就收?"这也会破坏亲子关系,孩子可能把门关上,连饭都不出来吃,几天不理你。孩子也可能会以学习为借口偷偷玩手机。	"那我在旁边等你结束。"这样说,孩子觉得你是有底线的父母,同时再次给出了时间弹性。你说这句话的语气不是吼叫,而是平静地说。
你什么都不说,彻底不管了。你这样做,孩子可能想:"我妈走了,看来她拿我没办法了,以后我想玩多长时间就玩多长时间。"你没有守住底线,孩子可能会一次次地突破底线。	你站在孩子旁边,温和而坚定。你这样做,孩子可能想:"我妈妈站在我旁边,我有点儿紧张和压迫感。"父母情绪稳定地站在身边,本身就很有力量感。

这样沟通后,如果孩子交回了手机,父母不要说:"你一而再再而三地打破约定,没信用!"这样说就破坏了胜利果实。父母可以肯定孩子:"你能克服自己的欲望,停下来,是特别不容易的事,你做到了。说到做到,妈妈(爸爸)觉得你是一个自律的孩子。"这样做是战略性地忽视孩子没做到的地方,巩固孩子的优秀品质,也是帮助孩子养成自律的过程。记住,父母和青春期孩子打交道的底层逻辑是:眼睛要"粗"一点儿,往孩子好的地方看。

调整期待，
正确看待手机游戏

案例描述 ▶

我家儿子 11 岁，他各方面都很好，学习成绩优秀，我不用操心学习，就是玩游戏让我很发愁。他一玩游戏，我就上头，心里的火噌噌噌地往上蹿，我忍不住发脾气，就会和他发生冲突。儿子经常劝我，让我跟他一起玩，反复强调玩游戏的几十个好处。但我看见他玩游戏就烦躁，他玩游戏这一年，我不是强忍，就是不说话。我知道自己有时候控制不住情绪，所以都憋回去了，怕伤害了孩子……老师，我想问孩子玩游戏到底怎么管？

案例解析 ▶

青春期的孩子，父母越反感什么，孩子偏要做什么。父母强烈的反对不仅解决不了问题，还会让孩子更加沉迷游戏。因为抗拒，父母会问：我管不管？我抢不抢？这是现在中国很多青春期孩子的父母的烦恼。在现实中我们会发现，父母越反对孩子玩游戏，亲子冲突会越大。要解决这个问题，父母不能只想着"我该怎么管"。最关键的是，父母要改变自己对孩子玩游戏的想法。

很多父母都想解决孩子玩游戏的问题，但不同父母对玩游戏的想法不同。在这个案例中，儿子一玩游戏，妈妈就生气、愤怒，想要批评他、骂他、打他。愤怒是情绪，每种情绪背后都有一个想法。妈妈对于游戏抱持的想法是：游戏给孩子带来了很多不好的影响，比如说脏话、投入过多时间，有时候孩子还撒谎，明明玩了很久，却说没玩。因此，她看不惯孩子玩游戏，自己也从来不玩游戏。很多人都是这样：我自己不抽烟，我看那些抽烟的人，觉得他们在自杀；我自己不打麻将，我看那些打麻将的人，觉得他们在荒废人生；我自己不玩游戏，就看不惯别人玩游戏。

我给这位妈妈提供了两条建议：

第一，先做到不排斥玩游戏。

父母可以对游戏抱着好奇的态度，自己去试一下这个游戏怎么设计的，怎么好玩，怎么吸引人不断玩下去，这样能拉近父母和孩子的心理距离。父母也不用玩得多厉害，而是可以把孩子当老师，跟他学一学。那些自己也玩游戏的父母，一般不太排斥孩子玩游戏。一旦不排斥，父母和孩子的关系拉近了，再跟孩子说放下手机，孩子就更愿意听父母的，因为亲子关系足够好，这是第一个方向。

第二，要调整期待。

妈妈期待孩子不玩游戏，这是她的理想。在她看来，只要儿子不玩游戏，他就是妈妈的理想小孩。什么叫理想的孩子？最好是长得又帅又聪明，学习又好又自律，对父母又孝顺又听话，没有任何坏毛病等。孩子会感觉到父母期待的巨大压力。很多优秀的孩子受不了父母的压力，所以宁愿放弃努力，当一个普通的小孩。

为什么孩子要活成妈妈期待的样子？他要穷尽一生来满足妈妈吗？孩子不做自己，为了妈妈能够开心，就要活成妈妈想要的样子。这孩子活得真是太辛苦了。而且这位妈妈已经非常幸运了，在她眼里孩子只有一个缺点——玩游戏。父母往往是很"狡猾"的，改完孩子的一个缺点，又要改另一个缺点，一直改到自己满意为止。

有一个选择题，我们都需要扪心自问：你愿意选择执着于一个完美的孩子，用各种方法去诱导、强制，或者控制孩子，还是愿意选择接纳孩子真实的样子？父母在这两条路上一定会面临一个选择。让孩子少玩游戏其实是简单的，如果父母愿意跟他一起玩游戏，就可能拉近亲子关系，这个问题就可能解决。但如果父母期望一个孩子这辈子都不打游戏，这是不符合现实的幻想。为什么我们不欣赏他游戏打得好呢？孩子可以平衡好游戏和学业的关系，学习成绩优秀，说明他的能力很强。孩子是如何做到的？我们可以欣赏他。

父母都想改变孩子，但真正的改变，第一步是接纳。接纳是开始，当父母足够接纳的时候，离改变就不远了。改变不是强求，而是自然发生的。对一个孩子而言，当父母足够接纳的时候，这个孩子就可以朝着最好的样子去发展。

认可社交需求，
帮孩子找到集体归属感

案例描述 ▶

　　我家孩子刚上初中，他们班男同学聊天的话题几乎都是游戏。比如新赛季皮肤、英雄技能、武器装备等等。为了融入男生圈子，也为了争强好胜要面子，他每天都惦记玩游戏这件事。以前他性格活泼爱动，休息时间会打篮球、游泳，但现在他几乎不锻炼了，成了一个宅男，每天心里惦记着什么时候能玩游戏，购买什么皮肤，甚至学习的时候也想着游戏，注意力不集中。

　　我不支持他玩游戏，在这方面和他产生过很多冲突和矛盾。他觉得玩游戏没什么不好，只有这样才能融入同学的圈子，有共同的聊天话题。我觉得他因为玩游戏而减少了锻炼时间，并且影响到了学习。我们都觉得自己有理，都感到委屈。

　　另外，我和老公之间缺乏沟通，对孩子玩游戏的态度不一致，因为我不支持孩子玩游戏，而老公是同意孩子玩游戏的。我感觉自己很无力，看过很多书，也听过一些课程，知道要解决孩子的问题，家长需要去自我成长。但现在我不知道该怎么做。

案例解析 ▶

案例中妈妈遇到的困扰,是很多父母遇到的困扰;案例中男孩遇到的挑战,也是很多孩子遇到的挑战。

第一,为了融入集体,孩子玩手机游戏是可以理解的。

青春期的孩子非常在意友谊,他们把友谊摆在第一重要的位置,为了和朋友打成一片,他们可能做出各种在家长看起来"不可思议"的行为。比如追星、买名牌,甚至打架、抽烟,等等。父母要认同孩子想融入集体的渴望,帮孩子一起想办法融入集体。如果强行要求孩子不玩手机游戏,孩子内心会非常痛苦,因为他会发现自己找不到跟同学的共同话题,无法融入集体。所以父母要看到孩子玩手机的正面动机。

第二,帮孩子丰富朋友圈活动。

下面分享一个类似的案例,也是一位妈妈,她为了帮助孩子选择朋友圈,增加孩子的社会活动,每个周末都带上孩子和他们班十几个同学一起出去玩。这位妈妈特别用心,不是野外露营,就是去小树林做户外调查,都是安排好玩儿、能吸引孩子们的活动。这些活动让孩子非常开心,孩子慢慢放下了手机。所以安排社会活动,能让我们和孩子建立更亲密的关系,而不是让孩子立刻停下手机,也不是让孩子立刻就去学习。妈妈通过把孩子带到外面的世界,通过社会活动,让孩子越来越好,帮孩子重塑了朋友圈,减少了玩游戏的时间,满足了孩子融入集体的愿望。这位妈妈的聪明之处是少管多赋能，帮助孩子发展了朋友圈，而不是依靠指责、打骂、吼叫的方式，控制孩子玩手机。

第三，改变教育方式。

这位妈妈需要把焦点放到自己身上，好好成长自己，别老盯着孩子。她提到夫妻之间很少沟通，一个家庭中，当夫妻之间沟通过少的时候，妻子会情不自禁地把注意力和情感全部放在孩子身上，这种多出来的注意力会给孩子带来一些窒息感，而青春期孩子最渴望的就是空间感和自主感。

第四，为什么看了书、听了课，道理都懂，却没有力量坚持？

看书和听课都是单向输入，只改变认知，不一定改变行为。行为的改变，需要有明确的教育理念，需要反馈、实践、碰撞、分享等。为什么知道还是做不到？因为你有一套自动化的行为模式，而看书和听课学到的只是理论和方法。从方法到能力是需要时间的，需要大量的互动、思考、锻炼、反馈，它是一个过程。能力的形成需要自己去实践，回来总结和反思，再去实践，再总结和反思，形成一个反馈循环。

在上面的案例中，重要的并不是让孩子停止玩游戏，而是怎么帮助孩子通过不同方式融入集体，满足孩子在学校的归属感需求。

先修复亲子关系，
再沟通玩手机问题

案例描述 ▶

我儿子今年上初二，平时住校，周末回家。现在我遇到两个难题。

第一个难题，孩子每次周末回家写一会儿作业就玩游戏，周一到了学校，老师发现孩子作业没有完成，给我打电话要求家长督促孩子完成作业。我按照老师的要求提醒他，他就冲我发脾气。我很纠结，到底要不要提醒孩子写作业？我不提醒孩子写作业，老师这边要求我督促他；我提醒孩子写作业，孩子嫌我唠叨又啰唆，冲我发脾气。我该怎么做？

第二个难题，上周末孩子要求带手机去学校，但学校规定不允许带手机。我建议孩子不要带手机，否则会被没收，但他威胁我说，你不让带手机我就不上学。我一点儿办法都没有，我是单亲妈妈，孩子归我，但我管不了他。我该不该让孩子带手机去学校呢？

案例解析 ▶

第一，即使妈妈没收了儿子的手机，儿子大概率也不会写作业。我建议妈妈少管孩子玩手机问题。孩子已经15岁了。要么父母在孩子心中有足够的威信，孩子服你，心服口服地上交手机；要么就不管，至少还能维持目前的亲子关系，不让关系更恶化。妈妈千万不要抢孩子手机，因为抢手机可能会让孩子产生糟糕的情绪，而糟糕的情绪又进一步让孩子更加沉迷手机，去手机里寻找快乐。

第二，关于老师提醒家长督促孩子的事情。父母不要把老师的压力直接传递给孩子，而是要跟孩子站在一条战线上，帮孩子去解决问题。可以试着问问孩子，"妈妈遇到一个问题，想和你讨论，看看你有什么办法吗？"然后跟孩子一起讨论有哪些可行的方法可以兼顾学业和游戏。

第三，关于孩子威胁不上学的事情。虽然孩子威胁父母，不让带手机就不上学，但父母需要情绪稳定，平静地跟孩子沟通。父母要把孩子看成是有思想的独立个体，让孩子说出自己的想法，并引导孩子思考自己的行为可能带来的后果。父母也需要修复亲子关系，好好学习怎么跟孩子有效沟通，赢得孩子的信任，才能更好地帮助孩子。

用好三个关键字，解决孩子手机游戏沉迷问题

案例描述 ▶

我儿子马上15岁了，他性格内向，不爱说话，特别迷恋打游戏，每天放学一有空就在手机上或者电脑上打游戏，一打就是连续四五个小时。周末早上一睁开眼就打游戏，一吃完饭也打游戏。他不愿意写作业，学习的时候不专心，总想着打游戏，严重影响了学习成绩。我想改善亲子关系，跟儿子成为朋友，让他听我的指导，不再迷恋游戏，专心学习。我该怎么做呢？

案例解析 ▶

父母想和孩子成为朋友，方法很简单，就是你和孩子做一样的事情，成为孩子的游戏伙伴，孩子就会跟你交朋友。但这样能不能解决孩子沉迷手机游戏的核心问题呢？挺难。

解决孩子沉迷手机游戏的问题，关键要靠三个字：养，管，教。

第一个字，"养"。

"养"就是给孩子心理营养，孩子缺乏心理营养，所以才会沉迷电子游戏。就像树没有营养，所以会招虫子。青春期孩子需要的核心的心理养分是归属感、自主感和成就感。

归属感。在家里，父母工作太忙、回家晚，父母冲突不断，等等，这些情况都可能会让孩子没有归属感。在学校，学习成绩没有那么好，老师不会经常表扬他；一旦没做好，老师可能批评；或者是转学，没有志同道合的朋友；等等。这些情况也可能会导致孩子感到孤独。如果孩子在家庭、学校这两个地方都没有归属感，这时候孩子就感觉到我不重要，我不快乐，我不开心，也会感觉到巨大的压力。如果孩子没有感受到来自父母的爱，他不会听你的任何"指导"。所以我们作为家长，要适当增加对孩子的关心，如果家里有老二了，仍然要关心老大。父母不在身边，孩子沉迷手机的概率会更高。

自主感。很多父母像保姆一样照顾孩子，或者像管家、秘书一样事无巨细地给孩子把方方面面都安排好，导致孩子没有自己做主的机会，觉得生活很窒息、无趣、无聊，这样的方式容易让孩子从游戏中寻找当主人的快乐。

成就感。有些孩子虽然学习成绩很好，但他们一直担心被别人追赶，眼里只有那些成绩更好的孩子，这样他们的成就感体验就会快速下降。所以即使成绩好，我们仍然没有办法保证孩子有赢的体验，不能保证孩子拥有成就感。

当孩子缺少归属感、自主感、成就感的时候，即便没有手机，没有短视频，没有游戏，孩子也会沉迷于其他事情而无法自拔。给孩子足够的心理营养，让孩子获得归属感、自主感和成就感，父母才能进入"管"的阶段。

第二个字，"管"。

没有了"管"，家庭就失去了功能。这里先澄清一下，管孩子既不是控制孩子，也不是讨好孩子，而是通过科学的方法，帮助孩子学会自我管理。

管孩子，需要有自己明确的立场，既不是包办代替，也不是忽视放任。比如，孩子第一次拿到手机的时候，有没有和孩子合理约定手机使用规则？当孩子违约了，你是批评、打骂、暴力收手机，还是温和、坚定地执行约定？有些父母管得太严苛了，要求孩子放下手机后立刻学习，父母可以玩手机但孩子不能玩，等等，这些做法导致孩子一看到手机就特别想玩。

这个案例中的孩子每天玩手机四五个小时，如果父母给孩子提供了足够的心理营养，有能力"管"孩子，可以帮助孩子从五个小时，慢慢减少到四个半小时，两个小时，渐近式地让孩子远离手机，而不是试图立刻让孩子再也不碰手机游戏。

第三个字，"教"。

教的本质是给孩子赋能，发展孩子的爱好，让孩子找到自己的价值，有赢的体验，这个时候才能真正地战胜那些虚拟的手机游戏。

比如，教会孩子独立生活的能力，爱生活，发展多元的爱好，教孩子学会处理情绪，学会人际交往的方法等。如果孩子的心理营养不到位，管的方法不到位，父母就没有办法帮孩子从手机游戏走出来。即使你把家里的网线拔了，手机没收了，孩子的心理营养缺乏，你仍然没有力量影响孩子。孩子即使不沉迷手机，也可能会沉迷别的东西。

案例中的家长如果按照"养""管""教"的顺序去做，孩子沉迷手机的事情就会得到有效控制。父母需要跟孩子耐心地沟通，建立规则，收手机的时候保持放松，收完手机后增加家庭的温馨互动，让孩子有归属感，孩子就不会轻易沉迷手机。

顺应成长节奏，
调节游戏背后的压力

案例描述 ▶

我儿子 17 岁，读高二，现在没日没夜地玩游戏、看视频，已经休学在家几个月了。我带他去医院检查，做了自测量表，结果是重度抑郁，中度焦虑，中度强迫。看到结果的一瞬间，我吓坏了，我那么优秀的孩子怎么可能出现心理问题？我不理解这是怎么了。

我儿子从小就乖巧懂事，特别自律，对自己要求高，学习的事我和孩子爸从来不操心。他小学成绩都很优秀，拿过各种奥数、英语奖，老师和同学都喜欢他，说他是一个阳光大暖男。虽然在初三孩子已经出现了明显症状，曾经熬夜玩游戏，但他听劝，我和爸爸跟他谈心后，他成绩很快就上去了，所以初中毕业考上了我们当地最好的重点高中。

进入高中后，孩子成绩开始下降，这也怪我，没给他做好足够的心理建设。每次孩子成绩不理想，有巨大的心理压力时，我都没有感受到，只站在自己的角度不停地劝他：没关系，儿子你能行，你最棒，这次没考好不代表你不好，下次你一定行。我忽略了重要的一点,他的学校环境变了。以前初中都是按照片区招生,但他进入重点高中后,无论学校还是班级内,他的同伴群体变成了各个区选拔出来的尖子生,每个孩子的成绩都非常优秀。而且高中的学习科目也增加了,难度更大,我依然像小学和初中一样要求他,期待他成绩在班级名列前茅。我非常后悔,只关注儿子的成绩,忽视儿子承受了巨大的学习压力。高二刚开学不久,有一天,他晚自习回家,突然跟我说,他太累了,班上的同学太卷了,每个周末都上课外班,提前学习。那天晚上,他把书包放在沙发后,就回到自己房间,开始没日没夜地玩游戏。

看到一直优秀的儿子突然变了,我慌张了,手足无措。好在孩子主动提出要找心理咨询师。学校的心理咨询和校外的心理咨询都给孩子约了,老师都很好,对孩子也很关心,但效果不怎么理想。最严重的时候,孩子什么也不干,一整天都躺在床上。有一次孩子躺在床上给我发微信说:"妈妈,我只想做一个平凡的孩子,我真心卷不动,不想活了。"他说过一两次类似的话,我非常害怕,后悔没有早点儿发现孩子的心理问题,一发现孩子就严重了,孩子承受了这么大的压力,我非常自责。孩子病成这样,也不忘和我们打招呼,我出门上班,他会主动说:"妈妈,再见!"是我把孩子逼上了绝路,我真不知道该怎么办了。

案例解析 ▶

第一，继续和孩子保持良好的亲子关系。

孩子生病了不能全怪家长，是各方面原因综合作用导致的，比如遗传、身体、社会环境、学校环境、家庭教育等。这位妈妈跟孩子之间亲子关系还不错，孩子生病期间能和家人主动打招呼，说明孩子的本质是好的。同时要遵照医嘱,继续坚持吃医院给孩子开的药，因为它能稳住孩子的情绪，不让孩子陷入情绪旋涡，做出极端的事情，比如伤害自己。

第二，保持合理的时间预期。

孩子要恢复到从前，变成那个阳光的"大暖男"，需要一段比较长的时间。给孩子时间消化内心的压力，不要期待孩子马上好起来，立刻去学习。不合理的期待会增加孩子的心理压力。在孩子休养期间，坚持做心理咨询，帮助孩子释放情绪压力，尽量督促孩子出门，陪孩子出去走走，但如果孩子起不来，家长不要逼迫他。

第三，关键时刻支持孩子。

这类拔尖学校的拔尖孩子最大的挑战是复学后。当他修复好自己，回到校园，发现身边的同学已经远远超越他，他感觉没脸见以前的同学和老师，自尊心会受到很大的打击，无法接受一向站在山顶的自己滑落到了山脚下。所以，最关键的支持是帮助他从山脚向上爬。比如，孩子学习有困难的时候，家长可以适当帮他一下，帮助他树立学习信心。

第四，孩子不提出休学，家长不要主动建议和指导休学。

优秀太久的孩子，当他听到父母让他休学，他可能把这个建议理解成"我不行"，他可能付出更多的时间和精力学习。比如拼命学到凌晨一两点，就为了证明"我能行"。孩子已经高二了，他已经形成了自己的固定信念，他内心可能一直有一个声音对自己说："我不能休息。"所以让他放弃学习，放过自己很难。我们需要配合孩子的节奏，帮他达成自己的目标。

第五，家庭需要改变。

这位妈妈需要放下对孩子的高要求和高期待，让孩子感受到妈妈的温柔和感性。妈妈的注意力多放在自己身上，正常工作，正常社交，正常娱乐，不要把所有心思全部放在孩子身上。父母多带孩子运动，比如游泳、打拳、踢球等，如果孩子最近不愿意出门，就等孩子愿意的时候再出去。

滋养和欣赏，养育身心健康的孩子

案例描述 ▶

我儿子今年12岁，读初一，寒假期间我发现他有点儿厌学，不太想去学校。我还发现，他连续三次，偷偷拿家里大量的钱买手机和游戏装备。

第一次，他破解了我的手机密码，转账给他自己，买了游戏装备。他转钱这件事，我们两周后才发现，当时他闹很大的情绪，所以我们已经协商好，既往不咎。但爸爸跟他签了协议，说再犯就把他赶出家，再也不管他了。

第二次，我的钱包在家里，他拿钱包里的钱买了一部手机。

第三次，他又拿钱包里的钱买了一部手机。我们问他，为什么需要两部手机？他觉得我们给他的手机配置太低，玩游戏不过瘾，所以他后来连续两次，从钱包里拿几千元现金买了手机。我们问他原因，他说，"我真的很想玩游戏，我买手机也是为了玩游戏。"孩子爸爸知道后，把手机全部没收了。

我现在很纠结，非常害怕孩子做出过激的行为。因为他第三次拿钱的时候，他爸爸真赶他走，孩子就背着书包拿把刀自己出去了。我们问他干吗拿刀，他说："我出去一刀捅死自己。"作为妈妈，我肯定不忍心把孩子赶出去。我心里很着急，孩子已经有点儿破罐子破摔的意思，我们都不敢惹他，非常害怕他做出其他过激的行为。这几件事叠加在一起，我真的不知道该怎么面对。老师，我现在该怎么办啊？

案例解析 ▶

第一，案例中的男孩有很多积压的情绪没处理。

当一个人要拿刀捅人，无论是捅自己还是别人，都说明他内心有很多愤怒，所以你看到的外在行为是攻击。面对这类情况，有些家长只在行为层面干预孩子，质问孩子："你有没有认识到你的错？你错在哪里？你下次应该怎么做？"这样做没有效果。如果我们真想破局，就要透过孩子的行为，看到他的内在世界。孩子的内在有什么？他外表看起来无所谓，破罐子破摔，他内心的情绪是什么？他是愤怒的，特别是爸爸说要赶他出去的时候。

父母把孩子赶出家，这个行为在给孩子传递一个信息：这个家没你的位置！家庭是一个系统，系统的第一个原则，是尊重家里每一个人的位置。我们既然生了你，你就是家里的一员，即使闹再大的矛盾，每个人依然有权利在这个家里生活。每个家庭成员的权利和地位，是要被承认的，是不可动摇的。如果孩子要被赶出家门，他会感觉，我被这个家排斥，我被这个家抛弃了，我在这个家没有位置，孩子的内在就会产生各种各样的消极情绪。

第二，父母有责任管好自己的钱。

孩子第一次用父母的手机转钱买游戏装备，父母两周后才知道，自己的钱发生了变化也不清楚，很可能是父母对自己的钱没有及时管理。孩子是未成年人，所以我们不可能把责任都放在他身上。父母有责任管理好自己的钱，比如密码设置等。孩子知道密码，是父母没有管理好。他第一次转钱，本来是一个很好的机会，父母可以借这个机会，给孩子立好规矩。但父母的做法给孩子传递了一个信息：他从家里拿了一次，还可以拿第二次。所以，我们需要让孩子没有机会再做出这样的事情。

第三，不断给孩子补充心理营养。

一个内在充满各种消极情绪的孩子，他即使不做这样的事，也会做另外的事，比如踢椅子、骂人、拿头撞墙、攻击别人等。内在有愤怒的孩子，他外在的行为可能是五花八门的。我们养育孩子，不能当"救火式家长"。如果孩子出现了一个行为问题，我们只想去灭掉这个行为，这永远是一个死局。我们不能仅仅聚焦在孩子的行为上，特别是不好的行为上。

我建议这位妈妈做以下三件事，彻底解决孩子的问题。

第一件事，先谈感受。

打开孩子的心扉，去了解孩子行为背后的感受，哪怕每天拿出

1个小时，30分钟，10分钟，5分钟，父母和孩子就坐在家里谈感受。比如，我今天哪里不爽了，哪个同学又欺负我了，我看谁不顺眼了，我身体哪里不舒服了，等等。注意，不谈对错，只谈感受。很多父母不愿意这样做，但如果不想当"救火式家长"，就要及时让孩子往外倒内心的苦水，表达自己的情绪和感受。

第二件事，再谈想法。

父母要鼓励孩子表达自己的想法。比如，孩子这样做想到的是什么，原因是什么。注意，感受不谈完，不谈想法。如果父母太聚焦行为，就没有办法去深入理解孩子内在的感受和想法。

父母要让孩子能够畅所欲言地谈想法，最关键的就是不评判对错。父母不要急于说孩子哪里错了，你一说错，他以后都不想和你说了，结果是你永远都不知道他在想什么。每一个孩子都希望被父母接纳。很多孩子一进入青春期，父母就很烦恼，不知道孩子在想什么，看不懂孩子一些莫名其妙的行为，其实就是因为孩子的心门向我们关闭了。父母一评判对错，孩子就关闭心门。父母真的要不断修炼，才能够做到这点。

第三件事，滋养和欣赏孩子。

任何一个孩子迷恋手机，原因很简单，就是手机能让他快乐。每个时代都有被迷恋的东西，所以不用怪手机。还好这个孩子找到了一个让他快乐的东西，不然他很难在自己的痛苦世界里活下去。

除了手机，还有什么能让孩子快乐？父母的肯定和欣赏。人一旦被欣赏,就会感到快乐。如果父母给孩子的快乐超过手机带来的快乐,孩子就能够转到父母这边来。父母不能期待,孩子不玩手机了就自动快乐起来。父母自我成长得越好,就越能更多地欣赏孩子。

但父母要放弃一个不现实的期待:我今天欣赏孩子了,他明天就变好了。这是不可能的。我们养的花儿蔫了,不能期待现在浇水,它马上就鲜活过来。同理,对孩子的改变,父母要有足够的耐心。这个孩子现在十二岁,如果父母没耐心,等他长到十五六岁,父母就会被迫有耐心。等孩子到了二十几岁,父母就只剩下无奈,后悔当初没这份耐心。

养育孩子不简单,把孩子养得身心健康,其实是一个终极标准。如果父母自身有很多心理创伤,对自己的感受都不关心,积累了一堆情绪没处理,那么养育出一个身心健康的孩子可能性很小。所以,养育孩子其实是父母自我成长的一个检验标准。